DIESES BUCH GEHÖRT

Ich danke meinen Eltern, die den »Samen« in mir gelegt haben; Dawn Sanders, Anna Lewington, Kew Gardens sowie dem Chelsea Physic Garden in London für die Hilfe beim Gießen der jungen Pflänzchen; und Karen, Serena und Freunden, die zugesehen haben, wie die Blüte aufging. Und falls du zuhörst, Natur: Vielen Dank auch dir!

– Michael Holland

Meinen heiß geliebten Blümchen, Nina und Leo.

– Philip Giordano

Die Originalausgabe ist bei
Flying Eye Books 2020 erschienen.
Titel der Originalausgabe:
I Ate Sunshine for Breakfast

Design: Bia Melo

Aus dem Englischen von Andreas Jäger
Textlektorat: Eva Wagner

ISBN 978-3-8458-4172-4
www.arsedition.de

MIX
Papier aus verantwortungsvollen Quellen
FSC® C002795

Hinweise:

Pflanzen können im Ganzen oder in Teilen giftig sein. In diesem Buch sind nur giftige Pflanzen im Kapitel »Giftpflanzen« entsprechend gekennzeichnet. Es gibt Pflanzen, die gesetzlich geschützt sind und daher nicht gepflückt werden dürfen. Ob man Pflanzen pflückt oder Experimente macht, sollte man vorher mithilfe eines Bestimmungsbuchs prüfen.

Von allen Pflanzen können auch Gefahren für die Gesundheit ausgehen. Asthmatiker und (Heuschnupfen-)Allergiker können beispielsweise allergisch auf Blütenstaub (und eventuell auch auf andere Stäube wie z. B. Farbpulver) reagieren.

Alle Aktivitäten sind mit einem Erwachsenen zu machen und erfolgen auf eigene Verantwortung.

Michael Holland FLS & Philip Giordano

SONNENSCHEIN ZUM FRÜHSTÜCK

Entdecke die Welt der Pflanzen

arsEdition

Inhaltsverzeichnis

ERSTER TEIL

Alles über Pflanzen

Pflanzen sind für uns lebenswichtig – ohne sie kann kein anderes Lebewesen auf der Erde existieren. Dieses Buch möchte dir die Welt unserer grünen Mitbewohner näherbringen, von denen rund 450 000 Arten bekannt sind: Du lernst alles über Pflanzen, von den Geheimnissen ihres Wachstums bis hin zur Entstehung von Fossilien. Komm mit auf eine Entdeckungsreise zu diesen erstaunlichen Lebewesen!

Wofür brauchen wir Pflanzen?

Kurz gesagt: für alles. Jeden Tag haben wir auf vielfältige Weise mit Pflanzen zu tun. Wir essen sie, wir stellen Kleidung und Medikamente daraus her. Sogar Autofahren geht nicht ohne Pflanzen. Ohne Pflanzen könnten wir nicht überleben.

Gerade hältst du ein Buch in der Hand – auch das ist aus Pflanzen hergestellt! Und zwar nicht nur aus einer Art: Das Papier ist aus dem Holz von Birken *(Betula)* und Kiefern *(Pinus)* hergestellt. Die Druckfarbe enthält Bestandteile von Sojabohnen *(Glycine max)* und Leinöl (aus Saatlein, *Linum usitatissimum*).

Pflanzen sind die Grundlage für fast jeden Lebensbereich von uns Menschen. Bis heute kennen wir ungefähr 450 000 Arten, die auf unserem wunderschönen Planeten wachsen. Mehr als 30 000 davon haben einen nachgewiesenen Nutzen für uns – was nicht heißt, dass die anderen nutzlos sind! Die Lehre von der Nutzung von Pflanzen durch den Menschen heißt Ethnobotanik.

In diesem Buch lernst du, was Pflanzen eigentlich sind und wie sie funktionieren, aber auch, wie du tagtäglich mit ihnen zu tun hast. Dazu gibt es eine Reihe von coolen Pflanzenexperimenten zum Selbermachen!

REGELN FÜR PFLANZENNAMEN

In diesem Buch stehen immer zwei Pflanzennamen: der deutsche und der wissenschaftliche. Der wissenschaftliche Name gilt weltweit und in allen Sprachen. So sind Verwechslungen ausgeschlossen. Er wird immer kursiv geschrieben und ist zweiteilig: Das erste Wort bezeichnet die Gattung (so was Ähnliches wie dein Nachname), das zweite die Art (quasi der Vorname): Z. B. ist *Betula pendula* die Hängebirke.

Was sind Pflanzen?

Pflanzen sind Lebewesen, die einen großen Teil ihrer Nahrung (Kohlenhydrate) mithilfe der Energie des Sonnenlichts aus Wasser und Kohlendioxid (CO_2) selbst aufbauen können. Das nennt man Fotosynthese. Das Wasser und andere Nährstoffe holen sie mit ihren Wurzeln aus der Erde, das Kohlendioxid »atmen« sie über ihre grünen Blätter aus der Luft ein. Sie brauchen aber auch Sauerstoff, um ihre Nahrung verwerten zu können (siehe Seite 16–17). Zum Pflanzenreich gehören mikroskopisch kleine Algen ebenso wie hübsche Blumen oder riesige Bäume, die Tausende von Jahren alt werden können. Die meisten Pflanzen wachsen fest an einem Ort.

SCHON GEWUSST?

Die Energie eines Sonnenstrahls braucht ca. 500 Sekunden, bis sie auf die Erde auftrifft. Vom Mittelpunkt der Sonne bis an ihre Oberfläche dauert es bis zu 170 000 Jahre!

Die Organe einer Pflanze

Jeder Teil einer Pflanze hat eine bestimmte Aufgabe. Schauen wir uns mal diesen Klatschmohn näher an, um zu lernen, wie Pflanzen funktionieren und wie sie aufgebaut sind.

Blätter

Die grüne Farbe kommt von winzig kleinen Körperchen in den Zellen, den Chloroplasten. Mit ihrer Hilfe bauen sich Pflanzen ihre Nahrung auf. Mehr dazu liest du auf Seite 16–17.

Sprossachse

Die Sprossachse (wir nennen sie Stängel, Halm oder bei Bäumen Stamm) verleiht der Pflanze Standfestigkeit. Sie schützt auch die vielen feinen Röhren im Inneren, durch die zuckerähnliche Nahrung (Kohlenhydrate) aus den Blättern im ganzen Pflanzenkörper verteilt wird, ebenso wie das von den Wurzeln aufgenommene Wasser.

Wurzeln

Wurzeln wachsen ständig auf der Suche nach Wasser und Nährstoffen aus der Erde. Außerdem verankern sie die Pflanze im Boden.

Blüte

Eine große Gruppe der Pflanzen sind die Blütenpflanzen. Die Blüten bilden Samen, mit denen sich die Pflanzen fortpflanzen. Mehr darüber liest du auf den Seiten 20–25.

Blätter: die reinste Nahrungsmittelfabrik

Alles Leben auf der Erde ist Teil eines weltweiten Netzwerks, in dem ständig Energie fließt. Der Ursprung dieser Energie ist die Sonne. Nur Pflanzen sind zur Fotosynthese fähig: Sie können mithilfe der Energie des Sonnenlichts aus Wasser und Kohlendioxid Kohlenhydrate (Nährstoffe) herstellen.

Sonne essen

Die Fotosynthese findet in winzigen Körperchen in der Pflanzenzelle (vor allem in den Blättern) statt, den Chloroplasten. Darin steckt ein grüner Stoff namens Chlorophyll. Das Chlorophyll nimmt die Sonnenenergie auf, mit deren Hilfe Kohlenhydrate gebildet werden. Das sind zuckerartige Nährstoffe, die die Pflanze zum Wachsen braucht, zusammen mit Mineralien und anderen Stoffen aus dem Boden.

Atmung

Bei der Fotosynthese entsteht Sauerstoff (O_2), den die Pflanze nach außen abgibt. Menschen und Tiere brauchen ihn zum Atmen. Ohne Pflanzen könnten wir also nicht überleben! Einen Teil des Sauerstoffs brauchen die Pflanzen aber selbst: Sie benötigen ihn, um die Kohlenhydrate aus der Fotosynthese als Nahrung zu verwerten.

Zellen eines Eichenblatts unter dem Mikroskop

Wenn dein Körper genauso funktionieren würde wie eine Pflanze, hättest du grüne Haut! Zum Essen würdest du ins Freie gehen und dich in die Sonne stellen, atmen und Mineralwasser trinken.

SELBERMACHEN: PFLANZENLABYRINTH

Bei diesem Experiment kannst du beobachten, wie Pflanzen immer zum Licht wachsen. Aus dem Samen wächst in wenigen Tagen oder Wochen ein Schössling (oder Keimling) und sucht sich seinen Weg durch das Labyrinth dorthin, wo das Licht ist. Diese Fähigkeit nennt man Phototropismus. Am besten baust du dein Labyrinth am Fensterbrett auf, wo viel Sonne hinkommt.

ACHTUNG: Lass dir von einem Erwachsenen helfen, vor allem beim Bohren der Löcher!

DAS BRAUCHST DU:

- eine große Schuhschachtel mit Deckel
- dicken Karton
- eine Schere
- Bohnensamen (am besten Gartenbohnen)
- einen Blumentopf mit 9 cm Durchmesser, Blumenerde und Kompost
- einen kleinen Untersetzer (ein Schraubglasdeckel geht auch)
- Klebeband

SO GEHT'S:

1. Schneide in ein Ende der Schuhschachtel ein Loch.

2. Schneide aus einem Karton, der breiter ist als die Schuhschachtel, verschiedene Stücke aus.

3. Mithilfe des Klebebands baust du aus diesen Stücken innen in der Schachtel ein Labyrinth.

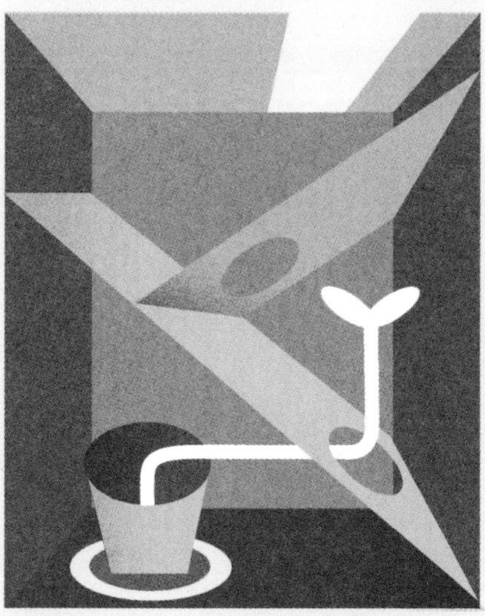

4. Setze einen oder zwei Bohnensamen in den Blumentopf ein und stell den Topf auf den Boden deiner Schachtel.

5. Mach den Deckel zu und stell die Schachtel vorsichtig aufs Fensterbrett. Nach Bedarf ab und zu kurz öffnen und den Topf gießen. Wenn alles gut geht, kommt nach ein paar Wochen oben aus dem Loch eine Pflanze raus!

Flower-Power

Blüten sind die Fortpflanzungsorgane der Pflanze. Die auffällig gefärbten Blütenblätter dienen dazu, Insekten anzulocken, manchmal auch Vögel. Sie wollen an das Herzstück der Blüte: den Nektar. Auch sein Duft lockt die Tiere an. Wenn sie von Blüte zu Blüte fliegen, um den zuckrigen Nektar zu trinken, streifen sie an jeder Blüte Blütenstaub ab und tragen ihn zur nächsten Blüte weiter. Deshalb nennt man diese Tiere Bestäuber. Erst wenn die Pflanze bestäubt ist, kann sie Samen bilden (siehe Seite 24–25).

Primel
Arti-
schocke
Maiglöck-
chen

Aufbau der Blüte

Was Blütenblätter oder Staubblätter sind, wissen die meisten von uns. Aber es gibt noch viel mehr über die Einzelteile von Blüten zu wissen und darüber, welche Aufgaben jeder Teil hat. Lass uns einen Blick auf diese Apfelblüte werfen.

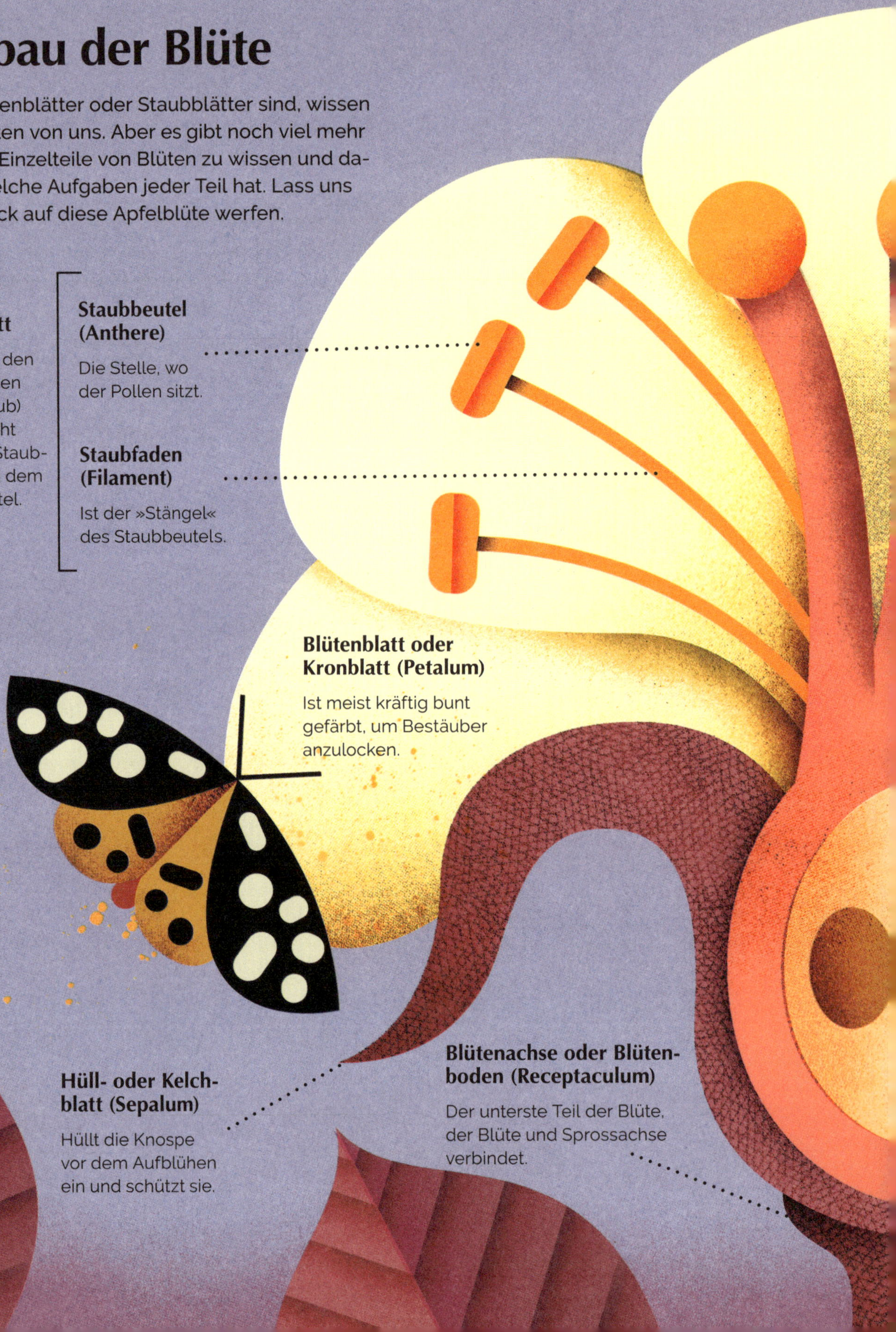

Staubblatt

Es enthält den Pollen (= den Blütenstaub) und besteht aus dem Staubfaden und dem Staubbeutel.

Staubbeutel (Anthere)

Die Stelle, wo der Pollen sitzt.

Staubfaden (Filament)

Ist der »Stängel« des Staubbeutels.

Blütenblatt oder Kronblatt (Petalum)

Ist meist kräftig bunt gefärbt, um Bestäuber anzulocken.

Hüll- oder Kelchblatt (Sepalum)

Hüllt die Knospe vor dem Aufblühen ein und schützt sie.

Blütenachse oder Blütenboden (Receptaculum)

Der unterste Teil der Blüte, der Blüte und Sprossachse verbindet.

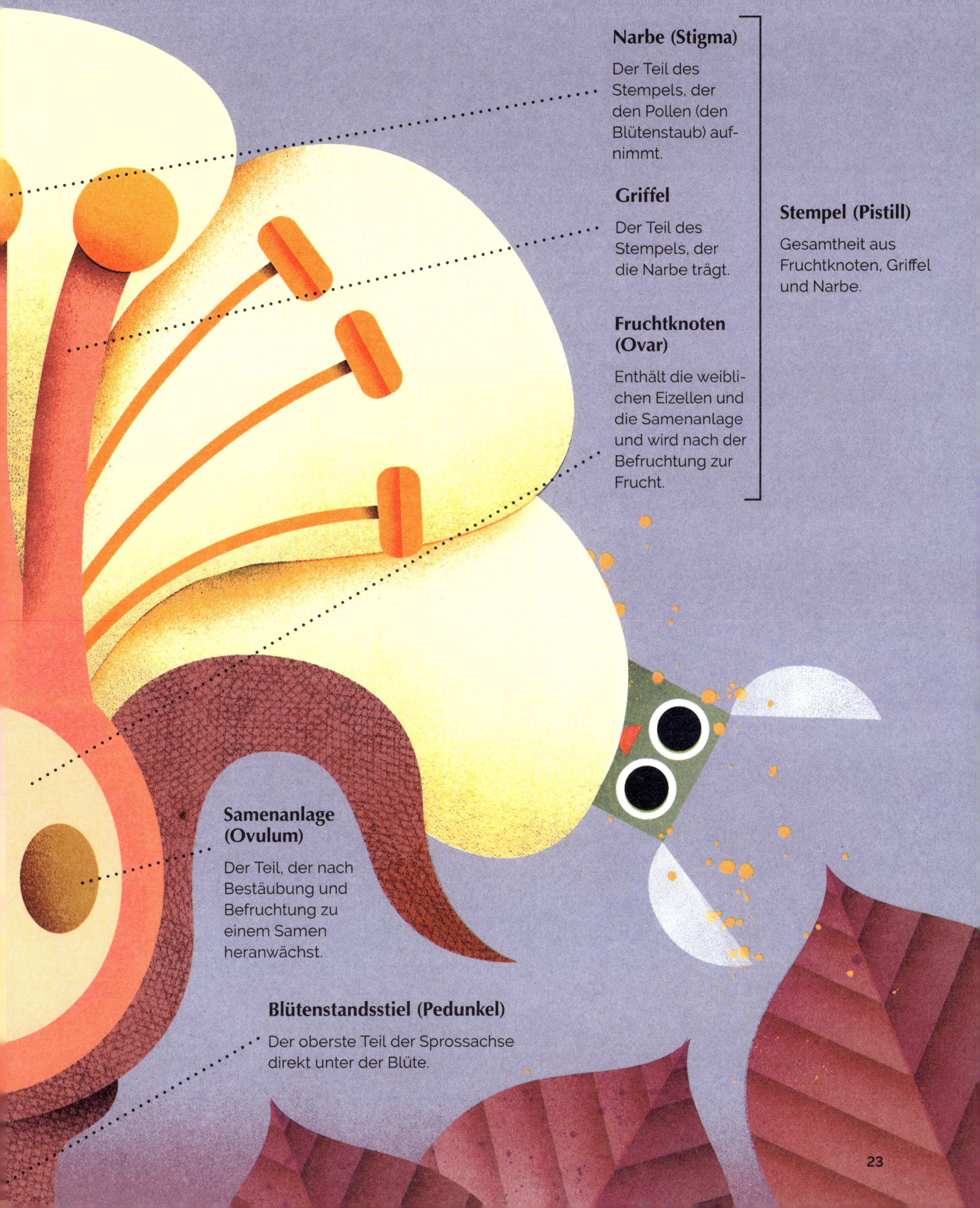
Narbe (Stigma)
Der Teil des Stempels, der den Pollen (den Blütenstaub) aufnimmt.
Griffel
Der Teil des Stempels, der die Narbe trägt.
Fruchtknoten (Ovar)
Enthält die weiblichen Eizellen und die Samenanlage und wird nach der Befruchtung zur Frucht.
Stempel (Pistill)
Gesamtheit aus Fruchtknoten, Griffel und Narbe.
Samenanlage (Ovulum)
Der Teil, der nach Bestäubung und Befruchtung zu einem Samen heranwächst.
Blütenstandsstiel (Pedunkel)
Der oberste Teil der Sprossachse direkt unter der Blüte.

Bestäubung

Bestäubung heißt, dass Blütenstaub von den Staubblättern auf die Narbe gelangt. Wenn der Pollen von den Blüten einer anderen Pflanze derselben Art kommt, nennt man das Fremdbestäubung. Danach kommt es zur Befruchtung und der Samen entsteht. Botaniker und Züchter können Fremdbestäubung auch gezielt herbeiführen, um Pflanzen mit neuen Eigenschaften entstehen zu lassen – z. B. üppigere Blütenblätter, stärkeren Duft oder leuchtendere Farben. So ähnlich, wie auch neue Hunderassen mit unterschiedlichem Charakter oder Aussehen gezüchtet werden.

Was passiert bei der Bestäubung?

Wenn ein Pollenkorn (= eine einzelne Zelle des Pollens) auf der Narbe einer Pflanze derselben Art landet, kommt es zur Befruchtung: Dem Pollenkorn wächst ein Schlauch (Pollenschlauch), der im Griffel bis zum Fruchtknoten hinunterwandert. Der Fruchtknoten beginnt zu wachsen und wird zur Frucht, und aus den Samenanlagen werden, je nach Art, ein oder mehrere Samen.

Fledermaus trinkt Nektar an einer Baobab-Blüte (Affenbrotbaum).

Bestäuber

Pflanzen können auf unterschiedliche Weise bestäubt werden. Die meisten Leute denken dabei vor allem an Insekten. Aber auch Vögel und Fledermäuse können den Blütenstaub verbreiten, wenn sie Nektar trinken. Hast du schon einmal beobachtet, wie emsig Bienen an einer blühenden Pflanze von Blüte zu Blüte fliegen? Bienen, Wildbienen und Hummeln gehören zu den wichtigsten Bestäubern. Honigbienen sind »Haustiere« von uns Menschen, die wir gezielt einsetzen, um unsere Nahrungspflanzen bestäuben zu lassen, z. B. Äpfel, Tomaten, Mandeln oder Gurken.

Kolibri im Anflug auf eine Bromelie.

Bienen bestäuben die Blüten einer Tomatenpflanze.

SELBERMACHEN: WILDPFLANZEN-FLASCHENGARTEN

Wildpflanzen, die unerwünschterweise an Stellen wachsen, wo wir unsere Nutzpflanzen anbauen, nennen wir »Unkraut«. Jede Pflanze kann also »Unkraut« sein. Pflanzensamen können oft viele Jahre lang im Boden ruhen und treiben erst aus, wenn die Bedingungen gut für sie passen. Dieses Experiment kann das sichtbar machen – wenn es klappt.

DAS BRAUCHST DU:

- ▢ einen halben Liter Erde aus dem Garten oder der Natur (aber erkundige dich vorher, wo das erlaubt ist!)
- ▢ eine 2-Liter-Plastikflasche (oder größer). In warmem Wasser einweichen, um das Etikett abzulösen.
- ▢ einen Trichter (kann man auch aus einem Blatt Papier machen)

SO GEHT'S:

1. Befreie zuerst Würmer, Schnecken, Asseln und andere Tiere aus der Erde und lass sie im Garten frei. Dann fülle die Flasche etwa zu einem Viertel mit der Erde auf. Wenn sie feucht genug ist, musst du sie nicht gießen. Wenn sie trocken ist, gib ein wenig Wasser dazu.

2. Den Deckel wieder schließen, die Flasche an einen kühlen, hellen Platz stellen und ... warten.

3. Vielleicht passiert erst mal eine ganze Weile nichts. Bleib geduldig. Es kann trotzdem sein, dass in der scheinbar nackten Erde viele verschiedene Samen stecken und nach einer Weile austreiben (siehe auch Seite 28) – du wirst staunen!

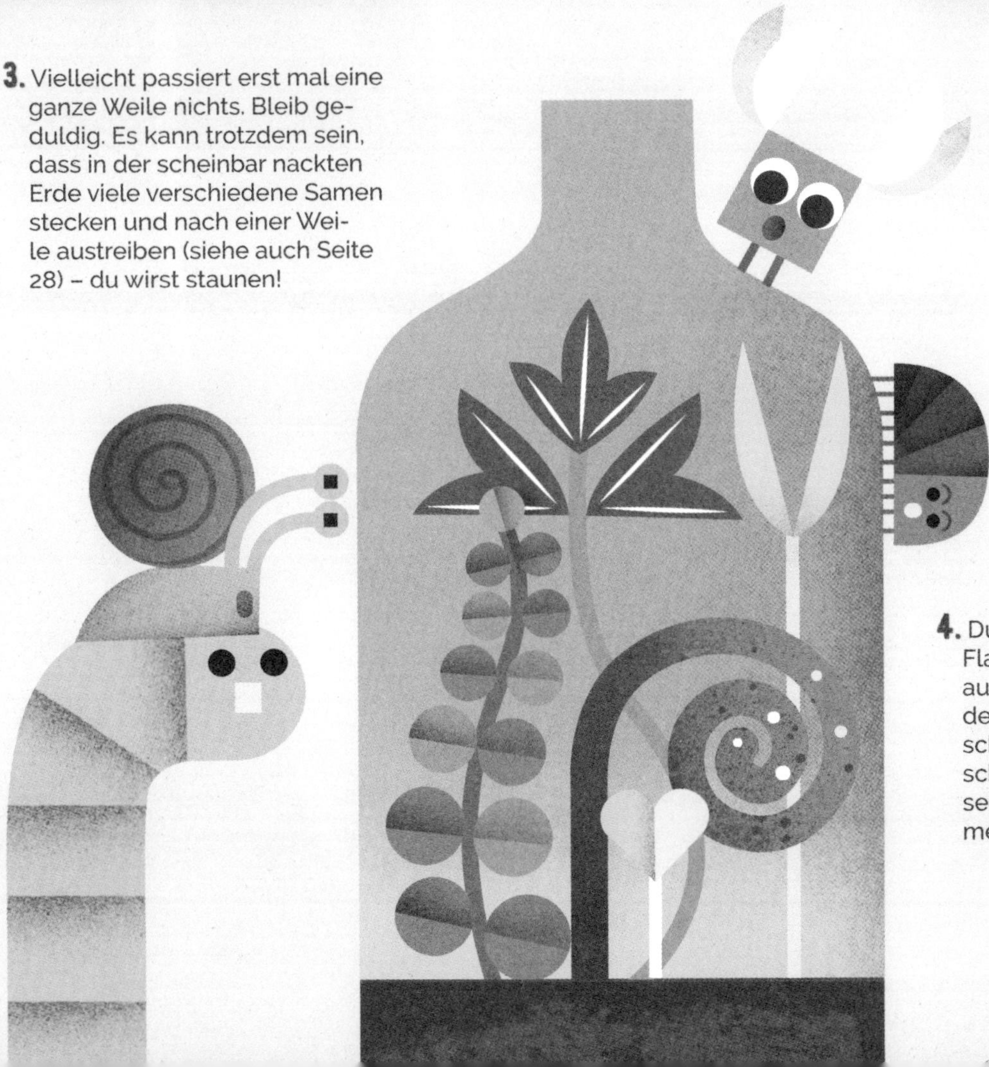

4. Du kannst auch mehrere Flaschengärten mit Erde aus drei oder vier verschiedenen Gärten anlegen und schauen, ob darin unterschiedliche Pflanzen wachsen. Kannst du sie bestimmen?

Eine Pflanze entsteht

Wenn ein gesundes Samenkorn zur richtigen Zeit an einen für es passenden Platz gelangt, wächst daraus eine Pflanze. Das nennt man Keimung. Der Same enthält alle Nährstoffe, die er für diesen Vorgang braucht.

Manche mögen's heiß

Um keimen zu können, brauchen Pflanzensamen Feuchtigkeit und Sauerstoff, die meisten Arten auch Wärme und Dunkelheit. Deshalb versenken wir Pflanzensamen in der Erde (außer die Lichtkeimer, die streuen wir nur obendrauf). Wenn alle Bedingungen stimmen, treiben sie aus.

Oft sind Samen an bestimmte Umgebungsbedingungen angepasst. So gibt es in Australien oder Südafrika oft Buschfeuer (Waldbrände). In diesen Regionen sind Pflanzen entstanden, deren Früchte z. B. erst verbrennen müssen, damit die Samen freigesetzt werden; oder die erst keimen, wenn sie mit Hitze in Berührung kommen. Die Samen von Weißdorn-Arten *(Crataegus)* wiederum haben eine so robuste Schale, dass es zwei Winter dauert, bis der Keimling diese durchbrochen hat und zu wachsen beginnt.

Das größte Samenkorn der Welt

Die Nüsse der Seychellenpalme *(Lodoicea maldivica)* sind die größten bekannten Samen. Die Nuss kann bis zu 25 kg schwer werden – ungefähr so schwer wie ein achtjähriges Kind! Es dauert fünf Jahre, bis der Same reif zum Auskeimen ist. Die Pflanze kommt nur auf Praslin und Curieuse vor, zwei Inseln der Seychellen im Indischen Ozean.

Der Keimling entwickelt Blätter und Stängel und wächst zur ganzen Pflanze heran.

SCHON GEWUSST?

Manche Leute sagen, die große, braune, zweiteilige Seychellenpalmennuss sieht aus wie der Po eines Gorillas …

Samen auf Reisen

Wenn ein Samenkorn einfach nur herunterfällt und dann dicht bei seiner Elternpflanze heranwächst, muss es sich Wasser, Boden und Nährstoffe mit dieser und seinen Geschwistern teilen – und das wird irgendwann knapp. Deshalb müssen Pflanzen dafür sorgen, dass ihre Samen möglichst weit verbreitet werden. Dafür haben sie sich ganz unterschiedliche Methoden ausgedacht.

Durch die Luft

Die kleinen, luftigen »Fallschirmchen« des Löwenzahns *(Taraxacum officinale)* kennt jeder. Sie bestehen aus federleichten Härchen, an denen die Samenkörner der »Pusteblume« hängen. So kann der Wind sie locker über weite Strecken forttragen, das können mehrere Kilometer sein. Der Bergahorn *(Acer pseudoplatanus)* und seine Verwandten (andere *Acer*-Arten) sowie Eschen (*Fraxinus*-Arten) schicken geflügelte Samen auf die Reise, die sich wie Hubschrauber-Rotorblätter mit dem Wind drehen, und Birkensamen (*Betula*-Arten) sind regelrechte Gleitflieger.

Übers Wasser

Kokosnüsse sind die Riesen unter den Samen. Sie bevorzugen die Reise übers Wasser. Geschützt durch ihre grüne Fruchthülle, die das Salzwasser abhält, können sie sich über Hunderte von Kilometern treiben lassen und neue Länder besiedeln. Deshalb findet man Kokospalmen vor allem an tropischen Küsten.

Nicht alle Samen überstehen die Reise an einen Ort, wo sie gut wachsen können – sie kommen unterwegs zu Schaden oder werden gefressen. Daher produzieren Pflanzen meist große Mengen an Samen, damit genügend übrig bleiben, die es schaffen, und die Art somit erhalten bleibt. Aber wie kommen die Samen ans Ziel, wo sie sich doch gar nicht selbst bewegen können? Gar nicht so viel anders als wir …

Per Tier-Taxi

Auch Tiere nehmen Pflanzensamen mit sich, zum Beispiel beim Fressen: Viele Pflanzensamen sind in leckere Früchte »verpackt«. Wenn ein Tier die Frucht frisst, wird der Samen später mit dem Kot ausgeschieden. Die robuste Samenschale hält das gut aus – manche Samenarten wie die der Kirsche brauchen die Verdauungssäfte der Tiere sogar, damit die Schale sich öffnet und der Pflanzenkeim herauskann.

Die Klette (*Arctium*-Arten) macht es wieder anders: Der Samen steckt in einer Hülle mit kleinen Widerhaken. Die bleiben im Fell von Tieren hängen. So kann der Samen über weite Strecken transportiert werden. Der Erfinder des Klettverschlusses hat sich dieses Prinzip von der Natur abgeschaut.

Aus eigener Kraft

Manche Samen können sich aber tatsächlich selbst bewegen! Also, fast … Die Samen der Waldtrespe stecken in einer Kapsel, die beim Heranreifen austrocknet und dabei schrumpft. Dann reißt sie explosionsartig auf und die Samenkörner werden herausgeschleudert. Diesen Mechanismus findet man beim Springkraut (*Impatiens*-Arten) oder der Zaubernuss (*Hamamelis*). Die Samen der Spritzgurke (*Ecballium elaterium*) werden auf diese Weise bis zu sechs Meter weit katapultiert!

SELBERMACHEN: KASTANIENSPIEL

Dieses Spiel eignet sich gut für schöne Herbsttage, wenn die reifen Kastaniensamen in Parks und Gärten zuhauf herumliegen. Sei aber vorsichtig, damit du niemanden verletzt!

DAS BRAUCHST DU:

- ca. 30 cm Schnur oder einen Schnürsenkel
- ein paar Rosskastanien
- eine Ahle zum Löcherbohren
- Jemanden, der mitspielt!

SO GEHT'S:

1. Sammle die Kastanien und mach sie sauber.

2. Lass dir von einem Erwachsenen helfen, mithilfe einer Ahle ein Loch quer durch die Kastanie zu bohren.

3. Nun fädelst du die Schnur ganz durch und befestigst sie mit einem sicheren Knoten.

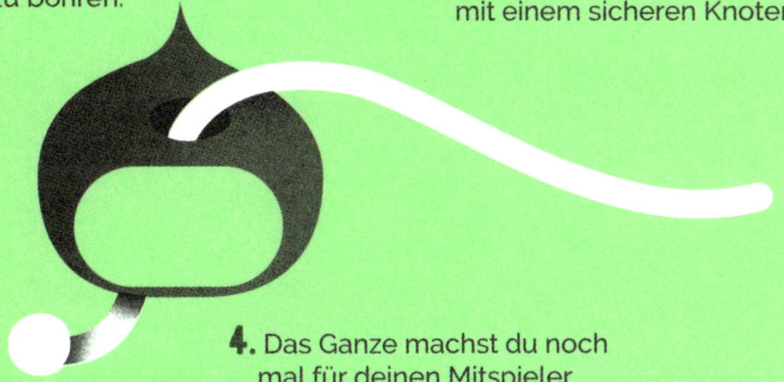

4. Das Ganze machst du noch mal für deinen Mitspieler oder deine Mitspielerin.

5. Jetzt schlagt ihr abwechselnd mit der eigenen Kastanie nach der des anderen, so lange, bis eine kaputtgeht. Gewonnen hat der Spieler, dessen Kastanie ganz bleibt.

ACHTUNG: Sei vorsichtig bei diesem Spiel! Und niemals eine Kastanie jemandem an den Kopf hauen!

Lebende Fossilien

Einige Pflanzenarten sind so alt, dass es sie schon zur Zeit der Dinosaurier gab. Damals sah die Welt ganz anders aus als heute. Deshalb sehen die »Überlebenden« dieser Urzeit oft merkwürdig aus oder haben bizarre Eigenschaften.

Und man findet sie heute auch manchmal an seltsamen Orten: So werden beim Filmen und auf der Bühne die Sporen von Bärlappgewächsen (Lycopodiopsida) verwendet, um Explosionen herbeizuführen. Speiseeis kann mit bestimmten Algenarten cremiger gemacht werden und manche Farbstoffe werden aus Flechten gewonnen. Extrakte des Ginkgobaums *(Ginkgo biloba)* oder aus Schachtelhalmen (*Equisetum*-Arten) dienen als Naturheilmittel. Hier findest du weitere Beispiele sehr alter Pflanzenarten.

Cyanobakterien

Ursprüngliche Einzeller

Die ersten Pflanzen entstanden wahrscheinlich vor mehr als 500 Millionen Jahren. Ihre Vorfahren waren vermutlich die Cyanobakterien – wasserlebende Einzeller, die zum ersten Mal Sauerstoff in die Atmosphäre abgaben. Das ermöglichte die Entstehung größerer Pflanzen, auch an Land. Noch heute produzieren die Cyanobakterien in den Gewässern einen großen Teil des Sauerstoffs, der in unserer Atmosphäre steckt. Ein einzelnes Cyanobakterium ist mikroskopisch klein, aber sie pflanzen sich rasend schnell fort und können dann regelrechte »Teppiche« auf der Wasseroberfläche bilden (sogenannte Algenblüte).

Wollemie (Wollemia nobilis)

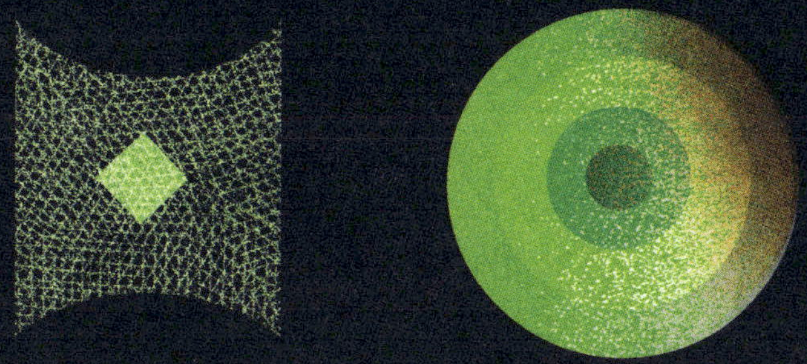

Winzige Wunderwerke

Eine weitere Gruppe von Einzellern, die Fotosynthese betreiben können, sind die Kieselalgen oder Diatomeen. Ihre Zellhüllen bestehen aus Siliciumdioxid (dem gleichen Grundstoff, aus dem wir Glas herstellen) und können unzählige Formen annehmen. Wenn man sie unter dem Mikroskop betrachtet, kann man sehen, dass sie immer zum Licht schwimmen.

Lebendes Fossil

Die Wollemie *(Wollemia nobilis)* und der Ginkgo *(Ginkgo biloba)* lebten schon vor über hundert Millionen Jahren auf der Erde. Und sie haben sich seitdem kaum verändert: Fossilienfunde sehen praktisch genauso aus wie die heutigen Pflanzen!

ZWEITER TEIL

Die Welt der Pflanzen

Die meisten Pflanzen wachsen fest an einem Ort und können ihn nicht verlassen, wenn es ihnen dort nicht gut geht (z. B. wenn es zu heiß oder zu nass ist). Wenn eine Art also bei ungünstigen Umweltbedingungen nicht aussterben will, muss sie sich anpassen. Pflanzen sind sehr gut darin und haben so auch extreme Lebensräume erobert. Genau wie Tiere (die ebenfalls anpassungsfähig sind) haben sie eine Fülle an Formen, Größen und Lebensweisen entwickelt.

Das Pflanzenreich

Alle Pflanzenarten stammen letztendlich von einer Urart ab, die vor Millionen von Jahren gelebt hat. Genau wie die Tiere haben sich auch die Pflanzen bei der Anpassung an ihre Lebensräume weiterentwickelt. Das nennt man Evolution (siehe Seite 44–45).

Stammbaum der Pflanzen

Je näher Arten beisammenstehen, umso näher sind sie miteinander verwandt. Zum Beispiel sind Pfefferminze und Tomaten näher miteinander verwandt als mit Seerosen. Die ältesten Pflanzen stehen im Stammbaum unten, die jüngsten oben.

Lilien
Aloe
Schwertlilien
Zwiebel
Spargel
Taglilien
Belladonnenlilie
Wolfsmilchgewächse
Orchideen
Agave
Veilchen
Ananas
Weiden
Malvengewächse
Süßgräser
Kakaobaum
Sauergräser
Blumenrohr
Eukalyptus
Papaya
Zitrusgewächse
Ahornbäume
Palmengewächse
Tagblumen
Sumach, Essigbäume
Ingwergewächse
Banane
Paprika
Nachtkerze
Rosen
Ulmen
Hopfengewächse
Berg-Papaya
Gummibäume und Feigen
Magnolie
Storchschnabelgewächse
Lorbeer
Wein
Begonien
Mohn
Birke
Gurken
Hahnenfuß
Bohnen-Arten
Sternanis
Mauerpfeffer
Eichen
Pfingstrosen
Sonnentau
Walnuss
Johannisbeeren
Platane
Kaffee
Seidenpflanzen
Mistel
Springkraut
Hortensie
Enziangewächse
Prunkwinden
Portulak
Stechpalme
Tomaten
Kakteen
Hartriegel
Teepflanze
Ölbaum
Ginseng
Seerose
Löwenmäulchen
Usambaraveilchen
Möhren
Lippenblütler
Rüben
Primel
Heidel- und Preiselbeeren
Skabiose
Geißblatt
Sonnenblumen
Nelkengewächse
Glockenblumen

Die lieben Verwandten

Die Biologen, die Lebewesen in Gruppen sortieren, heißen Systematiker oder Taxonomen. Pflanzen werden nach ihren Merkmalen in Familien eingeteilt. Viele davon kennst du wahrscheinlich gut – aber du wirst staunen, wer mit wem verwandt ist.

Rosengewächse (Rosaceae)

Zu dieser Pflanzenfamilie gehören neben Rosen zum Beispiel Apfel- und Birnbäume, Pfirsiche, Pflaumen, Nektarinen, Mandeln, Erdbeeren, Schlehen, Himbeeren, Quitten, Kirschen, Aprikosen ... und viele mehr.

Nachtschattengewächse (Solanaceae)

Dazu zählen unter anderem Kartoffeln, Tomaten, Auberginen, Paprika, Tabakpflanzen, Tollkirsche, Schwarzes Bilsenkraut, Alraune *(Mandragora)*.

Lippenblütler (Lamiaceae)

Hierher gehören unter anderem Minze, Basilikum, Rosmarin, Thymian, Zitronenmelisse, Majoran, Oregano und Lavendel.

Leguminosen (Fabaceae)

Diese Familie heißt auch »Hülsenfrüchtler« und umfasst unter anderem Ginster, alle Bohnen-Arten, Erbsen, Erdnüsse, Linsen oder Tamarindenbäume.

Kürbisgewächse (Cucurbitaceae)

Zu den Kürbisgewächsen gehören Gurken, Zucchini, Melonen, alle Kürbis-Arten sowie der Luffa (auch Schwammkürbis genannt).

Süßgräser (Poaceae)

Hierzu zählen bestimmte Gräser, Zuckerrohr, Reis, Hafer, Weizen, Gerste und andere Getreidearten. Auch Mais ist ein Süßgras.

SELBERMACHEN: SCHLEIM AUS MAISSTÄRKE

Der Mais ist eine extrem vielseitig verwendbare Pflanze aus der Familie der Süßgräser. Hier nutzen wir mal seine schleimige Seite! Maisschleim ist eine besondere Art von Flüssigkeit, die nicht den normalen Regeln folgt.

DAS BRAUCHST DU:

- 250 g feines Maismehl
- 300 ml Wasser
- Lebensmittelfarbe
- einen Holzlöffel
- eine Schüssel

NATURFARBEN:

Kurkumapulver (Gelbwurz) = Gelb

Rote-Bete-Pulver = Rot bis Lila

Spinatpulver = Grün

ACHTUNG: Wenn du Asthmatiker bist, sei vorsichtig beim Hantieren mit den Pulvern. Eine Staubmaske kann dich schützen.

SO GEHT'S:

1. Das Maismehl in eine Schüssel schütten.

2. Nach und nach das Wasser unterrühren, bis das Gemisch aussieht und sich anfühlt wie Pudding.

3. 15 Tropfen Lebensmittelfarbe oder einen Löffel Naturfarbe deiner Wahl dazugeben und umrühren.

4. Jetzt die Masse mit der Faust bearbeiten, dann wird sie dicker. Schleim ist eine Flüssigkeit mit einer besonderen Eigenschaft: Unter Druck wird er dickflüssiger (*viskos* ist der Fachausdruck).

5. Damit dein Naturschleim länger hält, bewahre ihn in einem geschlossenen Gefäß im Kühlschrank auf.

Die Evolution

Genau wie es eine Fülle an ganz verschiedenen Tierarten gibt, haben sich auch zahllose Pflanzenarten entwickelt. Über den ganzen Planeten verteilt leben sie unter völlig unterschiedlichen Umweltbedingungen. Diese Vielfalt ist durch einen sehr, sehr langen Prozess entstanden, den wir Evolution nennen.

Charles Darwin

Charles Darwin war ein Naturforscher, der im 19. Jahrhundert in England lebte. Er stellte die These von der »Evolution durch natürliche Selektion« auf. Evolution bedeutet, dass sich Lebewesen über viele Generationen hinweg verändern, in ihrem Aussehen und anderen Eigenschaften. Lebewesen vererben ihre Eigenschaften nach bestimmten Regeln an ihre Nachkommen. So hast du vielleicht die Augenfarbe von deiner Mutter und die Haarfarbe von deinem Vater geerbt. Darwin war leidenschaftlicher Forscher und hat so ziemlich alles untersucht, von Regenwürmern bis hin zu fleischfressenden Pflanzen.

Darwin-Finken

1835 untersuchte Darwin Größe und Form der Schnäbel von Finken auf den Galápagos-Inseln. So kam er zu der These, dass sich die Finkenschnäbel aus einer ursprünglichen Form entwickelt und sich je nach Futterangebot verändert hatten. Aus einer Art, die sich von Insekten ernährte, sind im Lauf der Zeit Finken hervorgegangen, die Nüsse knacken, Blüten fressen oder sogar Werkzeuge für die Futtersuche benutzen.

Anpassung

Pflanzen sterben entweder, weil sie gefressen werden oder weil sie z. B. nicht genug Sonnenlicht oder Wasser bekommen, oder auch an Krankheiten. Die Evolution hat ihnen die Möglichkeit zur Anpassung mitgegeben, sodass sie die Chance haben, als Art zu überleben.

So könnte die Landschaft vor 250 Millionen Jahren ausgesehen haben.

Zu den ersten Landpflanzen gehörten Farne und Schachtelhalme.

Überlebenskünstler

Über Jahrmilliarden haben Lebewesen bei der Fortpflanzung ihre Eigenschaften an die Nachkommen weitergegeben. Bei anderen passten die Merkmale und Eigenschaften nicht zur Umwelt und sie starben aus. Jede Veränderung der Umweltbedingungen stellt Lebewesen vor die Aufgabe, sich anzupassen – oder auszusterben. So ist aus den ersten, einfachen Einzellern die Vielfalt von Pflanzen und Tieren entstanden, wie wir sie heute kennen, aber auch in Fossilien nachweisen können.

SCHON GEWUSST?

Vor rund 250 Millionen Jahren verschwanden in einem großen Massenaussterben rund 90 Prozent aller Tier- und Pflanzenarten von der Erde. Die Ursache könnten große Vulkanausbrüche gewesen sein, deren Asche lange Zeit die Sonne verdunkelte. Einigen Pflanzenarten gelang es dennoch zu überleben, darunter den Vorfahren der heutigen Blütenpflanzen.

Extreme Lebensräume: heiß und trocken

In den Wüsten der Erde regnet es weniger als 25 cm im Jahr. Hier müssen Pflanzen mit sehr wenig Wasser auskommen oder es speichern können. Wüstenpflanzen, die Wasser in ihren Stängeln oder fleischigen Blättern speichern, nennt man Sukkulenten. Manche können bis zu drei Monate ohne einen einzigen Wassertropfen überleben.

Stachlige Gesellen

Die wohl bekanntesten Sukkulenten sind die Kakteen (Einzahl: Kaktus), von denen fast alle Arten in den Wüsten der amerikanischen Kontinente wachsen. Ihre Stängel oder Stämme sind dicke, fleischige Wasserspeicher, die Blätter sind zu spitzen Stacheln umgewandelt. Sie stehen dicht an dicht, um die Pflanze vor Austrocknung zu schützen. Meist sind sie außerdem weiß gefärbt, um das Sonnenlicht zu reflektieren, was die Pflanze zusätzlich vor Überhitzung schützt.

Tiefe Wurzeln

Eine andere Möglichkeit, mit einer trockenen Umwelt zurechtzukommen, sind lange Wurzeln, die bis ins Grundwasser hinunterreichen. Die Wurzeln von manchen Wüstenpflanzen können 50 Meter in die Tiefe wachsen. Andere bilden ein flaches, aber weit ausgebreitetes Wurzelnetzwerk, sodass sie bei Regen in kurzer Zeit sehr viel Wasser aufnehmen und speichern können.

Die Nacht ist zum Atmen da

Das Kohlendioxid aus der Luft nehmen Pflanzen über kleine Öffnungen auf den Blattunterseiten auf, die Spaltöffnungen, auch Stomata genannt (Einzahl: Stoma). Über diese Poren verlieren sie aber auch Wasser – ein Problem bei Hitze. Wüstenpflanzen lösen es, indem sie die Stomata nur nachts öffnen, das CO_2 aufnehmen und bis zum nächsten Tag speichern, um es erst dann in der Fotosynthese zu verarbeiten.

Ein Platz im Schatten

Besonders schlaue Wüstenpflanzen wachsen einfach im Schatten einer größeren Pflanze. Noch besser können sie den heißen Sonnenstrahlen entgehen, wenn sie auf der Seite wachsen, die von der Sonne abgewandt ist. Auf der Nordhalbkugel der Erde ist das die Nordseite.

SCHON GEWUSST?

Menschen, die in der Wüste leben, lassen sich von tief wurzelnden Pflanzen »zeigen«, wo es Grundwasser gibt. Oder sie graben Pflanzen mit unterirdischen Speicherknollen aus, deren Wasser sie gewinnen.

Unechte Rose von Jericho, links trocken, rechts nach Wasserzufuhr

Zombiepflanzen

Besondere Spezialisten heißer, trockener Lebensräume sind die wechselfeuchten Pflanzen: Die meiste Zeit des Jahres sehen sie aus, als wären sie vertrocknet und tot. Doch sobald es regnet, saugen sie sich voll Wasser und »werden lebendig«. Die kurze Regenzeit müssen sie ausnutzen, um zu blühen und Samen zu bilden. Das schaffen sie in wenigen Tagen oder Stunden! Die Unechte Rose von Jericho (*Selaginella lepidophylla*, ein Moosfarn) ist so ein Beispiel. Man kann sie trocken kaufen und zusehen, wie sie »aufersteht«, wenn man sie in eine Schüssel Wasser legt.

Extreme Lebensräume: tropischer Regenwald

In den Regenwäldern, die am Äquator liegen, gibt es keine spürbaren Jahreszeiten und die Tageslänge liegt fast das ganze Jahr über bei zwölf Stunden. Es regnet praktisch immer, im Jahresdurchschnitt pro Tag 200–225 cm. Diese Bedingungen – Dauersonnenschein und immer

Spezielle Blattformen

In dauerfeuchtem Klima zu leben, kann Pflanzen auch Probleme bereiten. Ständige Nässe kann zu Fäulnis führen, und wenn Wassertropfen auf Blättern stehen bleiben und die Sonne daraufscheint, wirkt das wie ein Brennglas und kann das Blatt verbrennen. Deshalb ist die Wachsschicht tropischer Pflanzen besonders dick, sodass das Wasser abperlt. Zusätzlich sind die Blätter oft geformt wie Rinnen, sodass das Regenwasser immer sofort abfließt.

Kletterer

Wenn viele Pflanzen dicht beieinanderleben wie im Regenwald, kann für Einzelne der Platz oder das Sonnenlicht schon mal knapp werden. Kletterpflanzen wachsen deshalb an Bäumen entlang in die Höhe, der Sonne entgegen. Epiphyten (= Aufsitzerpflanzen) wachsen gleich *auf* Bäumen, nah am Sonnenlicht, und holen mit ihren herabhängenden Wurzeln das Wasser aus der Luftfeuchtigkeit.

genügend Wasser – sind für Pflanzen ideal, und so haben sich rund um den Äquator die üppigsten und artenreichsten Ökosysteme der Welt entwickelt. Leider aber zerstören wir Menschen die Regenwälder zunehmend, indem wir sie für Ackerland und Holzgewinnung roden. Dabei sind sie nicht nur Quellen für Nahrungsmittel und Medizin, sondern auch enorm wichtig für das Klima und die Artenvielfalt. Es ist höchste Zeit, die tropischen Regenwälder zu bewahren und zu schützen!

Lichtsammler

Unten am Boden, unter den Kronen der riesigen tropischen Bäume, kann es ganz schön dunkel sein. Bodenbewohnende Pflanzen wie Begonien (*Begonia*-Arten) behelfen sich mit einem Trick: Die Unterseite ihrer Blätter ist rot. Man vermutet, dass sie damit mehr von dem spärlichen Licht einfangen, sodass es für ihre Fotosynthese ausreicht.

Stützende Wurzeln

Da im Regenwald alles so schnell wächst und es keinen Winter gibt, in dem das Laub zu Boden fällt, ist die Humusdecke hier stellenweise dünn. Viele Bäume bilden daher kräftige oberirdische Wurzeln aus, die Brettwurzeln, um besseren Halt zu haben.

Extreme Lebensräume: Wasser

Ursprünglich ist das Leben (nicht nur das der Pflanzen) im Wasser entstanden. Wasserlebende Pflanzen befinden sich also in ihrem ursprünglichen Lebensraum. Das hat manche Vorteile gegenüber dem Land: Wasser ändert seine Temperatur nicht so rasch wie die Luft. Daher sind die Temperaturunterschiede zwischen Tag und Nacht geringer, die Umgebungstemperatur ist also für die Pflanzen gleichmäßiger. Über ihre Blätter und Stängel können Pflanzen Nährstoffe direkt aus dem Wasser aufnehmen; die Wurzeln dienen dann vor allem der Verankerung.

Schwimmblattpflanzen

Im Wasser reicht das Licht nicht tief hinab, es wird mit zunehmender Tiefe vom Wasser absorbiert (»verschluckt«). Manche Wasserpflanzen schicken deshalb ihre Blätter an die Oberfläche, um genügend Licht abzubekommen. Damit das leichter geht, haben viele Arten luftgefüllte Blasen oder Taschen in ihren Blättern und Stängeln.

Kluge Pflanzen

Zwischen dem Äquator und den Polen befinden sich auf unserem Planeten die gemäßigten Breiten. Hier gibt es vier Jahreszeiten: Frühling, Sommer, Herbst und Winter. In Wäldern und auf Wiesen und Feldern können auch hier viele Pflanzen gut gedeihen. Trotzdem brauchen auch sie ein paar Anpassungen, um zu überleben.

Geschickt arrangiert

Viele Arten ordnen ihre Blätter so am Stängel an, dass sie sich nicht gegenseitig beschatten, sodass jedes Blatt maximal viel Sonne bekommt – hier gut zu sehen an der Sonnenblume *(Helianthus annuus)*. Vor allem im Frühling und Herbst, wenn die Tage kürzer sind, ist das nützlich.

Überlebenskünstler

Etwa 40 Prozent der Landfläche auf der Welt sind von Gras bewachsen, das hungrige Pflanzenfresser ständig abrupfen. Deshalb sind Gräser dank eines ausgedehnten, dichten Wurzelsystems in der Lage, schnell wieder nachzuwachsen. Gras und Kräuter haben außerdem weiche Stängel, sodass sie bei Frost und Unwettern nicht abknicken.

Schmarotzer

Der Teufelszwirn (*Cuscuta europaea*) und die Mistel (*Viscum album*) sind Beispiele für Schmarotzerpflanzen: Sie wachsen an oder auf anderen Pflanzen (= Wirtspflanzen), zapfen sie an und ernähren sich von deren Nährstoffen. Oft haben sie selbst kein Chlorophyll und keine Blätter, wie der Teufelszwirn: Er besteht praktisch nur aus Wurzeln und kletternden Stängeln.

Tödliche Umarmung

Die Samen von Würgefeigen landen mit dem Kot von Vögeln auf Baumästen. Dort wachsen sie zunächst, ohne dem Baum zu schaden, und bilden Luftwurzeln. Sobald diese aber den Boden erreichen, wachsen immer mehr davon und sie werden immer dichter. Sie hüllen den Baum ein und töten ihn schließlich ab, wobei die Würgefeige seine Nährstoffe nutzt. Im Inneren von alten Würgefeigen ist deswegen immer ein Hohlraum.

SELBERMACHEN: GEFRORENE BLÄTTER

Bei diesem Experiment lernst du, warum Laubbäume im Herbst ihre Blätter abwerfen und Nadelbäume nicht.

DAS BRAUCHST DU:

- zwei Zweige von Laubbäumen, an denen Blätter dran sind (nicht abreißen, sondern vom Boden aufsammeln)
- zwei Zweige von Nadelbäumen (ebenfalls nicht abgerissen)
- einen Gefrierschrank oder das Tiefkühlfach eures Kühlschranks

SO GEHT'S:

1. Leg je einen Nadelbaum- und einen Laubbaumzweig für ein paar Stunden in die Gefriertruhe oder das Gefrierfach.

2. Die anderen beiden Zweige bewahrst du zur gleichen Zeit bei Zimmertemperatur auf.

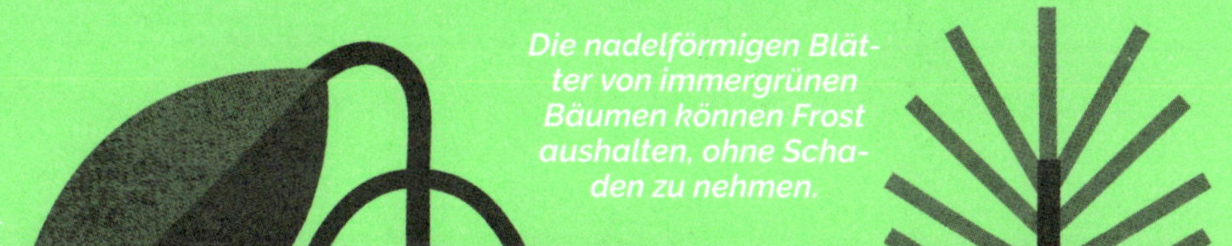

Die nadelförmigen Blätter von immergrünen Bäumen können Frost aushalten, ohne Schaden zu nehmen.

3. Dann hol die eingefrorenen Zweige wieder heraus und lass sie auftauen. Was siehst du? Die Nadeln schauen noch genauso aus wie zuvor, aber die Blätter nicht.

Die Blätter der Laubbäume sind erfroren. Deshalb werfen die Bäume sie im Herbst ab und treiben im Frühjahr neue Blätter aus.

Giftpflanzen

Botaniker schätzen, dass von den weltweit etwa 450 000 Pflanzenarten weit über die Hälfte essbar sind. Aber warum gibt es auch giftige Pflanzen?

Tödlicher Blumenstrauß

Wenn Pflanzen angefressen werden, können sie nicht fliehen, weil sie festgewachsen sind. Um sich zu schützen, bilden manche Arten Nadeln oder Stacheln, die es dem Tier schwer machen, allzu viel abzubeißen. Andere schützen sich durch ihre Inhaltsstoffe: Sie schmecken bitter, sauer oder scharf – und manche sind tödlich.

Geschmackssache

Auch ungiftige und essbare Pflanzen schmecken nicht immer gut. Die Pflanzen, die wir heute als Obst und Gemüse essen, sind meist das Ergebnis jahrhundertelanger Auslese und Züchtung. Dadurch blieben nur die nahrhaftesten und schmackhaftesten Inhaltsstoffe erhalten. Die wilden Urformen dieser Pflanzen, die unsere Vorfahren aßen, waren sicher lange nicht so lecker.

Durch Auslese beim Anbau haben die Bauern in Mexiko über Jahrtausende hinweg die Maispflanze weiterentwickelt, sodass der Mais immer nahrhafter und schmackhafter wurde.

Rizinus-samen

Heilsam oder tödlich?

Aus den Samen des Wunderbaums oder Rizinus *(Ricinus communis)* wird Rizinusöl gewonnen, das als Heilmittel zum Beispiel gegen Verstopfung oder Ekzeme eingesetzt wird. Die Samenhülle jedoch enthält den Stoff Rizin, eine der giftigsten Substanzen im Pflanzenreich. Schon wenige Samenkörner sind für einen erwachsenen Menschen tödlich. Lass also die Finger vom Rizinusstrauch, falls du mal auf einen triffst!

Nahrungsnetze und Nahrungsketten

Menschen und andere Tiere können ihre Nahrung nicht aus dem Sonnenlicht gewinnen. Deshalb müssen sie Pflanzen oder andere Tiere essen. Die Energie des Sonnenlichts wird dabei immer weitergereicht: von den Pflanzen über die Pflanzenfresser bis zu den Beutegreifern, die selbst auch wieder gefressen werden. Das nennt man Nahrungskette.

Ein Teil der Energie wird auf diesem langen Weg in Körperwärme umgewandelt, ein Teil wird mit dem Kot und dem Urin ausgeschieden (der aber anderen Spezialisten wiederum als Nahrung dient).

In Wirklichkeit ist es aber viel komplizierter: Das Leben auf der Erde besteht nicht aus einfachen Nahrungsketten, sondern aus komplizierten Nahrungsnetzen!

Biologen nennen die einzelnen Stufen der Nahrungsnetze Trophie-Ebenen. Das kommt vom griechischen Wort *trophe* = Ernährung.

Fallensteller

Manche Pflanzenarten wachsen auf Böden, in denen bestimmte Nährstoffe fehlen, wie z. B. auf Moorboden. Einige haben deshalb die Fähigkeit entwickelt, Insekten zu fangen und zu verdauen, um diese Nährstoffe auf anderem Weg zu bekommen. Wir nennen sie carnivore (= fleischfressende) Pflanzen. Eigentlich fressen sie ihre Beute nicht, sondern trinken sie – wie Vampire! Manche haben aktive Fallen, andere passive.

Aktive Fallen

Die vielleicht bekannteste Pflanzenart mit einer aktiven Falle ist die Venusfliegenfalle *(Dionaea muscipula)*. Ihre Blätter sehen aus wie ein aufgeklapptes Buch. Die rote Farbe und eine duftende Flüssigkeit locken Insekten an. Mit feinen Härchen spürt die Pflanze, ob ein Insekt auf dem Blatt herumkrabbelt. Blitzschnell klappen dann die beiden Hälften zu und das Insekt ist gefangen. Mit Verdauungssäften wird die Beute nun aufgelöst, sodass die Pflanze die Nährstoffe aufnehmen kann.

Ein klebriger Tod

Der Sonnentau (*Drosera*-Arten) hat klebrige Härchen auf seinen Blättern. Sie sehen aus, als wären sie voller Wassertröpfchen. Durstige Insekten landen darauf – und bleiben an dem zähen Sekret kleben, bis sie verhungern oder an Erschöpfung sterben. Dann wird die Beute von der Pflanze verdaut.

Gleitfallen (passive Fallen)

Die Schlauchpflanze, auch Trompetenblatt genannt (*Sarracenia*-Arten), ist in Nordamerika zu Hause. Die Blätter bilden eine Röhre, die an Eistüten erinnert. Am offenen oberen Ende wird Nektar ausgeschieden. Bei einigen *Sarracenia*-Arten enthält dieser einen betäubenden Stoff. Der Rand ist glatt und rutschig. Insekten, die beim Trinken des Nektars darauf herumkrabbeln, rutschen aus und fallen in die Röhre. Deren Wände sind mit nach unten gerichteten Haaren bedeckt, sodass das Beutetier es nicht schafft herauszukrabbeln. Am Boden der Röhre befindet sich Verdauungssaft. Das erschöpfte – oder betäubte – Insekt bleibt schließlich dort liegen und ertrinkt. Dann wird es von der Pflanze nach und nach zu einem leckeren und nahrhaften Fliegen-Smoothie verdaut.

DRITTER TEIL

Von morgens bis abends von Pflanzen umgeben

Den ganzen Tag lang sind wir auf Pflanzen angewiesen! Und das nicht nur beim Essen, Trinken und Atmen. Schau genau hin: Vieles, was wir tun und was wir benutzen, könnten wir ohne Pflanzen nicht. Selbst bei unseren Freizeitaktivitäten kommen sie dauernd vor.

Mein Frühstück sind Sonnenstrahlen – und deins auch!

Während du frühstückst, tun das um dich herum viele andere Lebewesen auch – im Garten, auf der Straße, um dich herum und sogar in den Polstern deines Sofas. Von Säugetieren und Vögeln über Würmer und Käfer bis hin zu Mikroorganismen – alle müssen fressen.

Wenn du heute Müsli zum Frühstück hattest, dann hast du eine ganze Schüssel zerquetschte Grassamen gegessen – zum Beispiel Mais-, Weizen-, Hafer-, Reis- oder Roggenkörner. In vielen Müslis steckt auch Zucker. Der kommt entweder vom Zuckerrohr *(Saccharum officinarum)* oder von der Zuckerrübe *(Beta vulgaris* subsp. *vulgaris)*.

Vielleicht hattest du heute zum Frühstück ein Butterbrot mit Marmelade? Dann hast du folgende Nahrung zu dir genommen: Weizen oder Roggen (je nach Brotsorte), Erdbeeren oder Himbeeren, Zucker sowie Fett – tierisches oder eben pflanzliches. Die Nahrungskette dazu sieht so aus:

Flüssige Pflanzen

Hast du heute Morgen zum Frühstück etwas getrunken?
Die meisten Getränke sind aus Pflanzen gemacht!
Hier ein paar Beispiele:

Tee

Tee wurde in Asien schon vor Tausenden von Jahren getrunken. Gleich nach Wasser ist es heute das beliebteste Getränk der Welt. Am meisten Tee trinken die Türken. In China ist es eine Geste des Respekts, einer älteren Person Tee zu servieren, oder man entschuldigt sich damit für etwas oder gratuliert jemandem zur Hochzeit. Tee ist gesund: Er enthält Antioxidantien, senkt den Cholesterinspiegel und regt den Stoffwechsel an. Es gibt Hunderte verschiedene Sorten.

Kaffee

Der Legende nach haben eines Tages Ziegenhirten in Äthiopien beobachtet, wie ihre Tiere ein paar unbekannte Samenkörner fraßen. In der darauffolgenden Nacht haben die Ziegen nicht geschlafen und waren quietschfidel. Die Ziegenhirten probierten diese Samen auch und stellten fest, dass sie auch bei ihnen anregend wirkten. So wurde der Kaffee (*Coffea arabica* und andere Arten) entdeckt. Die wach machende Wirkung kommt vom Inhaltsstoff Koffein, und deshalb ist Kaffee so beliebt.

Kakao

Das Samenpulver der Kakaopflanze *(Theobroma cacao)* ist die Hauptzutat von Schokolade. Etwa 3500 Jahre lang gab es sie hauptsächlich als Trinkschokolade: Die Menschen in Mittelamerika vermischten Kakao mit Maismehl und gaben Gewürze dazu. Für die Azteken war Kakao ein Geschenk des Gottes Quetzalcoatl. Der Name *Theobroma* bedeutet so viel wie »Götterspeise« – und tatsächlich enthält Kakao einen Stoff, der Glücksgefühle auslösen kann.

Frucht- und Gemüsesaft

Die meisten Früchte stecken voller gesunder Nährstoffe. Vitamine zum Beispiel unterstützen dein Immunsystem und sind gut für deine Zellen und Organe. Jeder kennt Orangen-, Apfel-, Trauben-, Cranberry- oder Tomatensaft. Aber auch aus anderen Gemüsearten kann man leckeren Saft zaubern: zum Beispiel Rote Bete, Brunnenkresse und Sellerie, verfeinert mit Kräutern und Gewürzen wie Petersilie und Ingwer.

Zeit zum Zähneputzen

Die meisten Zahnpastasorten enthalten Pflanzenextrakte. Minze ist häufig für den Geschmack drin, und oft enthalten sie auch Zellulose (einen Bestandteil pflanzlicher Zellwände) als Putzkörper oder Maisstärke (aus Maiskörnern gewonnen) als Bindemittel.

Bambuszahnbürsten

Jeder Mensch verbraucht im Lauf seines Lebens ungefähr 300 Zahnbürsten. Das ist eine Menge Plastikmüll, der in Jahrhunderten noch nicht verrottet sein wird. Neuerdings werden Zahnbürsten mit einem Griff aus Bambus angeboten, die Borsten sind aus Rizinusöl und anderen Naturstoffen hergestellt. Das reduziert den Plastikmüll. Allerdings kommt der Bambus von weit her, aus Asien – wie viel umweltfreundlicher Bambuszahnbürsten tatsächlich sind, muss noch untersucht werden.

Zahn-Zweige

Im Nahen Osten und Teilen Afrikas reinigen sich viele Menschen die Zähne mit Miswāk, das sind zähe Zweige vom … Zahnbürstenbaum! Diese Pflanze *(Salvadora persica)* enthält Substanzen, die gegen krank machende Mikroorganismen wirken. Außerdem steckt in dem Holz Fluor, das ist ein Stoff, der den Zahnschmelz stärkt.

Freunde aus der Pflanzenwelt

Schau in den Spiegel: Wen siehst du? Heißt du Rose, Daphne, Iris oder Jasmin? Oder vielleicht hast du Freundinnen mit englischen Namen wie Hazel, Lily oder Daisy? Im Deutschen ist es eher selten, aber im Englischen gibt es viele (meist weibliche) Vornamen, die zugleich Pflanzennamen sind. Und was ist mit den Jungen? Nun, da gibt es immerhin den Ivo, in dessen Namen die Eibe steckt, und den Florian, vom lateinischen *flos* für Blume.

Saubermachen

Zum Abspülen benutzt du wahrscheinlich eine Spülbürste aus Plastik. In früheren Zeiten machten sich die Menschen Bürsten und Besen aus den stachligen Zweigen des Stechenden Mäusedorns *(Ruscus aculeatus)*, der auf Englisch *butcher's broom* heißt, »Metzgerbesen«. Schachtelhalme (*Equisetum*-Arten) wurden zum Polieren von Zinn und Silber verwendet. Das funktioniert wegen der Kieselsäure, die der Schachtelhalm enthält.

Lotus-Effekt

Die Indische Lotusblume *(Nelumbo nucifera)* ist im Buddhismus und im Hinduismus eine heilige Pflanze. Sie wurzelt im schlammigen Boden von Süßgewässern, wächst zur Wasseroberfläche und bildet dort ganz glatte, große Blätter und wunderschöne farbenprächtige Blüten. Die makellos aussehende Blattoberfläche hat die Fähigkeit zur Selbstreinigung: Das Geheimnis sind mikroskopisch kleine Buckel. Sie sorgen dafür, dass Wasser und Schmutz nicht anhaften können, sondern vom Blatt abperlen.

Blick durchs Mikroskop: Wassertropfen auf einem Lotusblatt

Der natürliche Lotus-Effekt hat Forscher und Entwickler dazu inspiriert, selbstreinigende Dinge zu entwickeln: z. B. Außenwandfarbe für Häuser, die nie schmutzig wird, oder Autoscheiben und Motorradhelmvisiere, die nicht beschlagen und an denen das Regenwasser abperlt. Die Wissenschaft, die sich damit beschäftigt, Eigenschaften aus der Natur nachzuahmen, nennt man Bionik.

SELBERMACHEN: UPCYCLING-GARTEN

Ständig werfen wir eine Menge Dinge weg, die man eigentlich wiederverwerten könnte. Sammle Flaschen, Dosen, Tüten und anderes, was sich als Gefäß eignet, um darin Pflanzen zu ziehen. Die Samen kannst du teilweise aus deinem Essen gewinnen. Der »Upcycling-Garten« geht auf eine Idee des *Chelsea Physic Garden*, eines Apothekergartens in London, zurück und ist Teil des Shelf-Life-Projekts.

SO GEHT'S:

ERDNÜSSE

Erdnüsse keimen nur aus, wenn sie nicht geröstet sind. Halte die Samen warm und unter der Erde. Wenn alles gut geht, treibt der Samen nach etwa vier Monaten aus.

KARTOFFELN

Füll eine leer gegessene Chipstüte mit einer Mischung aus Blumenerde und Kies. Leg eine kleine Kartoffel hinein (auch ein Stück Schale mit einem »Auge« eignet sich) und bedecke sie gut mit der Erde. Halte die Erde feucht (aber nicht nass) – und warte ab, was passiert!

INGWER

Ingwerwurzeln (eigentlich sind es Rhizome) keimen in einer warmen Wohnung gut. Steck ein Stück halb bedeckt in ein Gefäß mit einem Erde-Sand-Gemisch. Immer gut feucht halten. Da die Rhizome waagerecht wachsen, brauchst du ein Gefäß mit großem Durchmesser.

DAS BRAUCHST DU:

- leere Dosen, Flaschen, Tüten etc. (Abflusslöcher hineinschneiden oder -bohren)
- Wasser
- Blumenerde
- Frischhaltefolie
- Samen nach Belieben, auch von deinen Lebensmitteln

TIPP: Wenn du ganz unten in die Gefäße eine Schicht Kies einfüllst, verhindert das, dass die Erde zu nass wird, und bei Wind können die Gefäße nicht umfallen.

ACHTUNG: Vorsicht mit scharfen Kanten und beim Bohren der Löcher! Lass dir von einem Erwachsenen helfen.

ZITRONEN, ORANGEN & CO.

Ein Gefäß zu etwa drei Viertel mit feuchter Erde füllen. Nun leg Samen von Zitrone, Orange, Pampelmuse oder anderen Zitrusfrüchten auf die Erde. Das Gefäß oben mit Klarsichtfolie schließen, an einen warmen Platz stellen – und ein paar Monate Geduld haben.

AVOCADO

Den Kern über Nacht in Wasser einweichen. Mithilfe von Zahnstochern hängst du ihn in einem Gefäß so auf, dass die untere Hälfte im Wasser steht. Regelmäßig das Wasser wechseln – und schauen, was passiert.

TOMATEN

Tomatensamen kannst du kaufen, oder du hebst die Samen der Tomaten auf, die du isst. Tomaten zieht man in großen Töpfen oder Dosen, denn sie werden sehr groß. Wenn du wenig Platz hast, schau, ob du Samen von kleinwüchsigeren Sorten findest.

Unsere Kleidung

Nun bist du gewaschen, hast dir die Zähne geputzt und dich im Spiegel bewundert – jetzt geht es ans Anziehen. Seit Tausenden von Jahren werden aus faserigen Pflanzen Stoffe hergestellt. Nach der Ernte werden die Stängel dieser Pflanzen zu Fäden gesponnen und diese dann zu Stoff verwoben.

Wir Menschen tragen Kleider nicht nur, um uns zu wärmen, sondern auch aus modischen Gründen – und das schon sehr lange. Schon etwa 3000 v. Chr. wurden die Fasern des Saatleins *(Linum usitatissimum)*, auch Flachs genannt, zu Kleiderstoffen verwoben und die ägyptischen Pharaonen hatten Leichentücher aus Leinen.

SCHON GEWUSST?

Mit fein duftendem Lavendel *(Lavandula angustifolia)* wurden damals Mumien eingerieben, damit sie besser rochen. Als Heilpflanze wirkt Lavendel beruhigend und schlaffördernd und hilft bei kleineren Wunden.

Borke und Bambus

Auch aus der Borke bestimmter Bäume lässt sich Kleidung herstellen, zum Beispiel aus der des Papiermaulbeerbaums (*Broussonetia papyrifera*) oder einer bestimmten Feigenart (*Ficus*), die in Uganda wächst. Stoff aus Bambus ist sehr weich und besonders atmungsaktiv – also genau das Richtige, um daraus Socken für Menschen mit Käsefüßen herzustellen!

Bambus (Familie Bambusgewächse oder Bambusoideae)

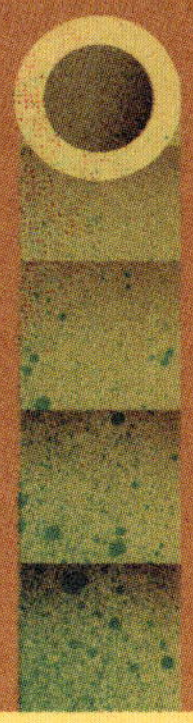

Baumwolle

Wenn die Fruchtkapseln der Baumwollpflanzen aufspringen, zeigen sich ihre langen, feinen Samenhaare. Jedes Haar besteht aus einer einzigen, sehr langen Zelle! Aus Baumwollfasern werden Kleidung, Banknoten und Papier hergestellt. Das Öl der Samenkörner wird zu Margarine, Kosmetika oder Treibstoff verarbeitet.

Baumwolle (Gossypium-Arten)

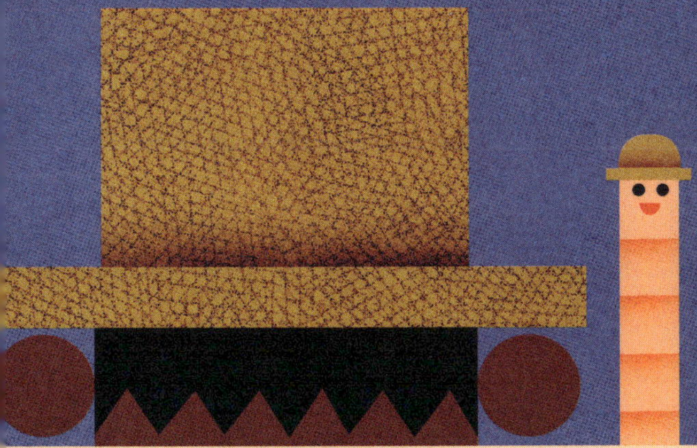

Kokosfaser

Aus den Fasern der Kokospalme und anderer Palmenarten lassen sich Seile und Schnüre drehen. Die Raphia-Palme (*Raphia*-Arten) hat besonders lange Blätter, aus denen sich Matten, Körbe, Schuhe, Hüte oder Kleider flechten lassen.

Kokosnuss (Cocos nucifera)

Nessel und Hanf

Aus Brennnesseln (*Urtica dioica*) und Hanf (*Cannabis sativa*) kann man Textilien und Papier herstellen. Beide dienen auch als Heilpflanzen.

Brennnessel (Urtica dioica)

Düfte und Gerüche

Nachdem du aus dem Bett mit der Baumwoll-Bettwäsche gestiegen bist, gehst du ins Bad und wäscht dich dort vielleicht mit pflanzenbasierter Seife. Die frühesten Waschmittel, die Menschen benutzt haben, wurden aus Pflanzen hergestellt, die seifenähnliche Inhaltsstoffe haben (Saponine). Seifen werden aus tierischen oder pflanzlichen Fetten hergestellt.

Schaumschlägereien

Bestimmte Pflanzen haben seifenartige Inhaltsstoffe, zum Beispiel das Seifenkraut *(Saponaria officinalis)* oder die Yuccapalme. Seifen für die Körperreinigung sowie Cremes werden aber aus Pflanzenölen, wie Kokosöl, Olivenöl oder Hanföl, hergestellt.

Weihrauch & Co.

Seit Jahrtausenden benutzen Menschen für religiöse Zeremonien Räucherstoffe aus Harz und anderen Pflanzenstoffen, wie z. B. Weihrauch (*Boswellia*-Arten). Auch Parfüm wird schon sehr lange aus Pflanzen hergestellt. Ätherische Öle aus Pflanzen sind teilweise sehr teuer. So braucht es etwa 3–4 Tonnen Rosenblütenblätter, um einen Liter ätherisches Rosenöl herzustellen!

Stinkende Pflanzen

Nicht alle Pflanzen riechen gut. Die Früchte des Durianbaums *(Durio zibethinus)* und des Ginkgobaums *(Ginkgo biloba)* sowie die Blüten des Aronstabs (*Dracunculus*-Arten) oder die Titanenwurz *(Amorphophallus titanum)* sind die Spitzenreiter unter den Stinkepflanzen. Sie riechen z. B. nach fauligen Zwiebeln oder verrottendem Fleisch. Die Durian stinkt so zum Himmel, dass es in ihrer Heimat Südostasien sogar verboten ist, sie in öffentlichen Verkehrsmitteln oder im Aufzug mitzunehmen!

Die Welt ist bunt

Stell dir eine Welt ohne Farben vor – Kleider und Taschen, Wände und Vorhänge, alles grau in grau! In »grauer Vorzeit« waren die einfachen Kleider und Gebrauchsgegenstände der Menschen tatsächlich vor allem grau oder braun. Als die Menschen entdeckten, dass man aus Steinen, Pflanzen und Tieren Farbpigmente gewinnen kann, brachen für unsere Vorfahren bunte Zeiten an.

Farbenherstellung

Früher kamen alle Farbstoffe aus der Natur. Die Menschen der Frühzeit stellten Pasten aus zermahlenem Gestein und zerkleinerten Pflanzen her. Darunter gab es schon kräftiges Blau, Rot, Violett und Gelb. Schwarz lässt sich zum Beispiel aus Pfirsich- oder Kirschkernen herstellen. Künstliche Farben gibt es erst seit dem 18. Jahrhundert.

Alles für die Kunst

Malerfarben werden mit Öl aus den Samen von Mohn, Walnuss, der Färberdistel oder des Leins angereichert. Das bewirkt, dass die Farben schneller oder langsamer trocknen oder ein bestimmter Glanz entsteht. Kartoffelstärke macht Gouache-Farben cremiger.

Schwarz auf Weiß

Holzkohle entsteht beim Verbrennen von Holz. Oft wird sie aus Weiden (*Salix*-Arten) oder Weinreben (*Vitis*-Arten) gewonnen. Künstler schätzen Kohlestifte, weil man damit nicht nur kräftige schwarze Linien ziehen, sondern auch durch Verwischen besondere Effekte erzielen kann.

Bunte Stoffe

Damit wir nicht alle in Einheitskluft herumlaufen, färben wir die Stoffe, aus denen unsere Kleidung hergestellt wird, bunt. Auch dafür gibt es künstlich hergestellte Farben und solche, die aus der Natur stammen. Die Indigopflanze *(Indigofera tinctoria)* und der Färberwaid *(Isatis tinctoria)* färben blau, der Färberkrapp *(Rubia tinctorium)* rot. Auch Zwiebelschalen, Rhabarber oder Kurkuma eignen sich zum Färben.

SCHON GEWUSST?

Die ältesten gefärbten Leinenfasern wurden in einer Höhle in Georgia (USA) gefunden. Sie sind rund 34 000 Jahre alt!

Königsblau

Bestimmte besonders kräftige und leuchtende Farben waren früher sehr teuer. Daher konnten nur Könige oder Priester sie sich leisten und sie wurden zum Statussymbol. In Frankreich war Indigoblau die Farbe der Könige, bis in den 1890er-Jahren ein künstlicher blauer Farbstoff erfunden wurde, sodass die blaue Farbe nichts Besonderes mehr war.

SELBERMACHEN: PFLANZENDRUCK

Mit dieser Technik kannst du Lesezeichen aus farbigem Karton verzieren. Verschenke sie oder benutze sie als Lesezeichen für dieses Buch!

DAS BRAUCHST DU:

- ▢ Gummihandschuhe
- ▢ ein oder mehrere Stempelkissen mit dunkler Farbe
- ▢ helles Papier oder helle Karten
- ▢ frische Pflanzenblätter mit stark hervortretenden »Adern« an der Unterseite (Salbei z. B. eignet sich gut)

ACHTUNG: Nicht ohne Handschuhe arbeiten, sonst hast du nachher die ganze Tinte an den Händen!

SO GEHT'S:

1. Zieh die Handschuhe an. Leg ein Blatt auf das Stempelkissen und drück ein Schmierblatt drüber.

2. Über das Schmierpapier reiben und drücken (du spürst das Blatt darunter), bis sich das Blatt ordentlich mit der Tinte vollgesogen hat.

3. Nimm das Pflanzenblatt und leg es vorsichtig auf die Karte oder das Papier, das du damit dekorieren willst.

4. Mit einem neuen Schmierpapier drückst du wieder von oben vorsichtig auf das Blatt, damit sich die Tinte auf den Karton überträgt. (Nicht reiben!)

5. Verwende mehrmals dasselbe Blatt, um symmetrische Muster zu bilden!

Bis vor etwa 10 000 Jahren wurden die Häuser in Japan mit Stroh gedeckt.

Das Volk der Baka in Kamerun flicht für seine Hütten dünne Zweige zusammen und bedeckt sie mit den großen Blättern einer Pflanze aus der Familie der Johannisbrotgewächse (Megaphrynium macrostachyum).

In der Eisenzeit (ca. 1200 bis 600 v. Chr.) wurden in Europa Rundhäuser aus kräftigen Hölzern wie Eiche gebaut, die Dächer wurden mit Gras eingedeckt.

Die traditionellen Häuser der Dinka, die im Südsudan leben, sind auf Stelzen errichtet, um vor Überflutung geschützt zu sein.

Häuser bauen mit Pflanzen

In vergangenen Zeiten lebten die Menschen nicht an einem festen Ort, sondern wanderten umher und sammelten dabei ihre Nahrung. Vor rund 10 000 Jahren wurden sie sesshaft und begannen mit Ackerbau und Tierhaltung. Siedlungen und Dörfer entstanden, später Städte. Anfangs wurden Behausungen aus Holz, Bambus, Gras, Blättern und Stroh gebaut, die Materialen hielt man zusammen mit Lehm, Ton oder sogar mit Tierdung!

Stabiles Dach

Häuser brauchen ein Dach, um Wind und Regen draußen und die Wärme (oder Kühle) drinnen zu halten. In tropischen Regionen besteht die traditionelle Dachbedeckung aus Palm- oder Bananenblättern. In den gemäßigten Breiten (z. B. Europa) sind reetgedeckte Häuser eine sehr alte Tradition: Die Halme von Schilfrohr *(Phragmites australis)* oder ähnlichen Pflanzen werden dicht gepackt und in einer dicken Schicht so geschickt verlegt, dass das Regenwasser abläuft. Auch bestimmte Farnarten (Adlerfarne, *Pteridium*-Arten) oder Laubmoose (Pflanzengruppe: Bryophyta) wurden zur Abdichtung und als Kälteschutz verwendet.

Reetdach, 16. Jahrhundert in England

Bananenblatt

Palmblatt

Das richtige Holz

Holz ist belastbar und langlebig. Als Bodenbelag, für Wände und Dachkonstruktionen verwenden wir häufig Eichen- oder Fichtenholz. Das älteste bekannte Holzgebäude der Welt ist der Hōryū-ji-Tempel in Japan: Er wurde im Jahr 700 v. Chr. erbaut. Sein Holz stammt von der Hinoki-Scheinzypresse *(Chamaecyparis obtusa)*.

Lesen und Schreiben

Nach dieser anstrengenden Reise durch die Pflanzenwelt wird es jetzt Zeit für eine entspannende Pause. Vielleicht möchtest du ja ein Buch lesen oder etwas schreiben. Auch dafür kommen die Materialien – du kannst es dir schon denken – aus der Pflanzenwelt.

Schreibwaren

Bleistifte und Buntstifte werden häufig aus dem Holz von Linden (*Tilia*-Arten) oder Wacholder (*Juniperus*-Arten) hergestellt. Wenn ein Radiergummi dransteckt, dann ist der oft aus Kautschuk (aus dem Milchsaft bestimmter Pflanzen). Zwar sind heute viele Schreibwaren aus Kunststoff, trotzdem kannst du dir auch ein Holzlineal kaufen. Das wird meist aus Buchenholz hergestellt *(Fagus sylvatica)*.

Papierherstellung

Das Papier für unsere Bücher und Zeitschriften, Grußkarten oder Speisekarten im Restaurant wird aus Holz hergestellt – also aus Bäumen. Je nachdem, welche Baumart verwendet wurde, hat das Papier unterschiedliche Eigenschaften. Sogenannte Weichhölzer wie Kiefer (*Pinus*-Arten) oder Birke (*Betula*-Arten) haben längere Fasern und machen das Papier fester. Die Fasern von Harthölzern sind kürzer und besser geeignet für Druck- und Schreibpapier. Kiefern-, Birken- und Eukalyptusholz (*Eucalyptus*-Arten) sind besonders gut für die Papierherstellung geeignet, weil sie schnell wieder nachwachsen.

1. Die Baumstämme werden im Häcksler zerkleinert und zu Holzstoff verarbeitet. Das ist ein Brei aus Cellulose (= ein chemischer Stoff aus den Zellwänden), Wasser und verschiedenen Chemikalien. So was Ähnliches wie eine Holzsuppe!

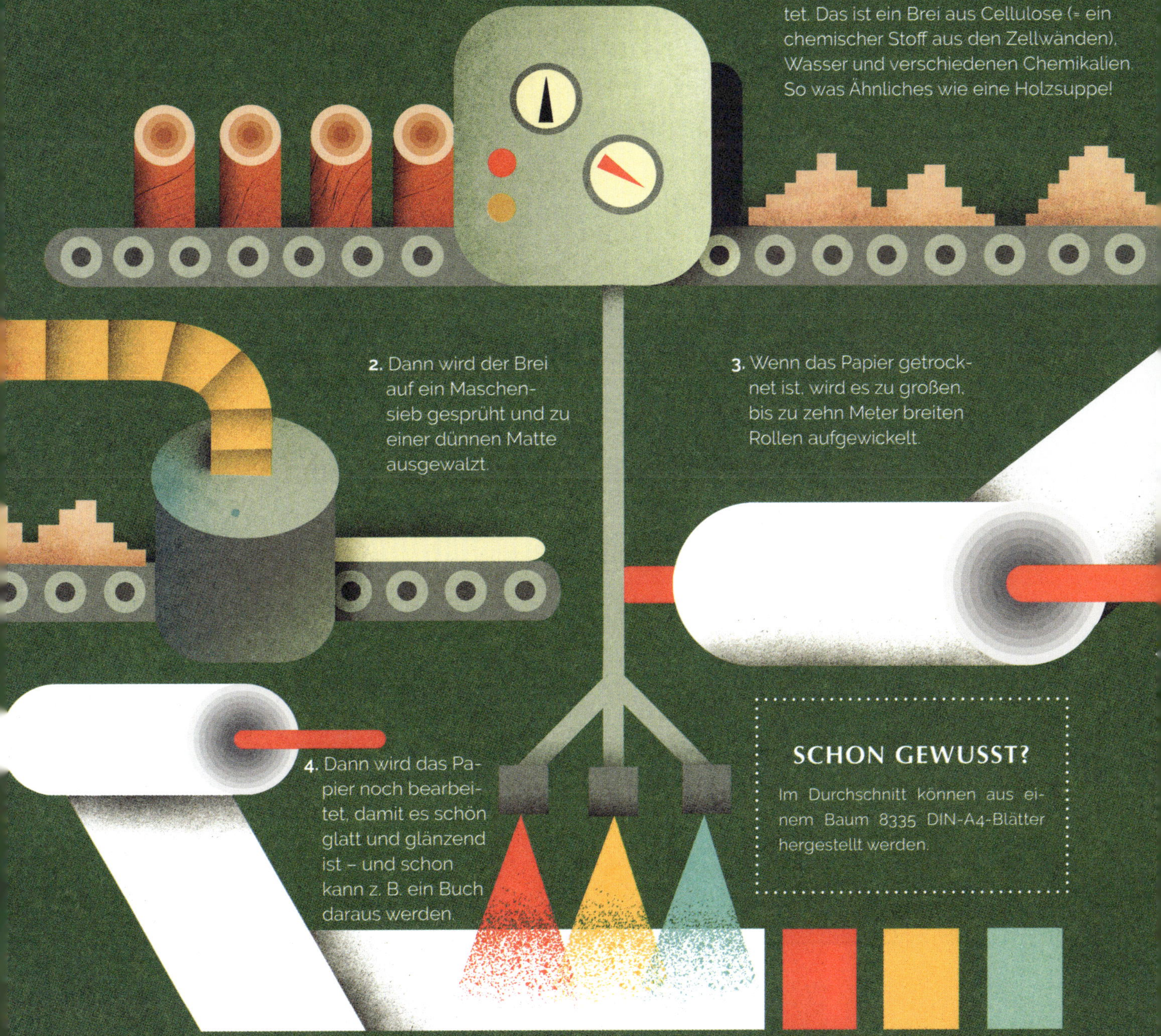

2. Dann wird der Brei auf ein Maschensieb gesprüht und zu einer dünnen Matte ausgewalzt.

3. Wenn das Papier getrocknet ist, wird es zu großen, bis zu zehn Meter breiten Rollen aufgewickelt.

4. Dann wird das Papier noch bearbeitet, damit es schön glatt und glänzend ist – und schon kann z. B. ein Buch daraus werden.

SCHON GEWUSST?

Im Durchschnitt können aus einem Baum 8335 DIN-A4-Blätter hergestellt werden.

Musik ab!

Der berühmte Komponist Felix Mendelssohn-Bartholdy saß gerne unter einer Rotbuche *(Fagus sylvatica)* in einem Wäldchen namens *Burnham Beeches*. Hier entstanden viele seiner Ideen für Kompositionen wie z. B. den berühmten »Sommernachtstraum«. Der hohle Stamm seiner Buche ist heute vor dem *Barbican Centre* ausgestellt, einem Kulturzentrum in London. Die Musikinstrumente, auf denen diese wunderschöne Musik gespielt wird, sind meist aus Holz oder anderen Pflanzenmaterialien hergestellt. Hier findest du ein paar Beispiele.

Mit Kolophonium reibt man die Bögen von Saiteninstrumenten wie Violinen oder Celli ein, um einen besseren Klang zu erzeugen. Es ist ein Baumharz, gewonnen aus Nadelhölzern.

SCHON GEWUSST?

Der Name des Xylofons kommt aus dem Griechischen und bedeutet so viel wie »Holzklang«. Errätst du, woraus es hergestellt ist?

Die schwarzen Tasten von Klavieren wurden früher aus Ebenholz hergestellt, einem dunklen Hartholz. Es ist robust und kann den Schweiß und das Hautfett von den Fingern aufsaugen. Heutzutage sind Klaviertasten meist aus Kunststoff oder aus anderen Hölzern.

Aus Bambus werden zum Beispiel Panflöten und Trommeln hergestellt.

Ein Gras mit dem Namen Pfahlrohr oder Riesenschilf *(Arundo donax)* ist der Lieferant der Rohrblätter von Klarinetten und Saxofonen.

Grammofone hatten manchmal einen Kaktusstachel (*Opuntia*-Arten) als Nadel. Die Schallplatten, die man darauf abspielte, bestanden aus einer Kunststoffart, unter anderem auf der Basis von Baumwolle.

SELBERMACHEN: GRASPFEIFE

Mit einer schlichten Graspflanze kann man Musik machen! Und das geht so:

DAS BRAUCHST DU:

- einen Grashalm
- deine Hände

SO GEHT'S:

1. Such dir einen Grashalm mit einem schönen, möglichst breiten Blatt.

2. Leg den Halm an der Außenseite deines linken (oder rechten) Daumens an und drück dann den anderen Daumen der Länge nach dagegen, sodass der Halm zwischen den zwei Daumengelenken unter Spannung steht.

3. Jetzt bläst du durch die Lücke zwischen deinen Daumen. Mit etwas Übung kannst du so einen weithin hörbaren Pfeifton erzeugen – ideal dazu geeignet, sich über große Entfernungen zu verständigen.

Sportgeräte

Von einfachen Ballspielen bis zu anspruchsvollen Sportarten wie Tennis oder Fußball – auf der ganzen Welt ist Sport eine beliebte Freizeitbeschäftigung. Viele Sportausrüstungen werden aus Pflanzen hergestellt.

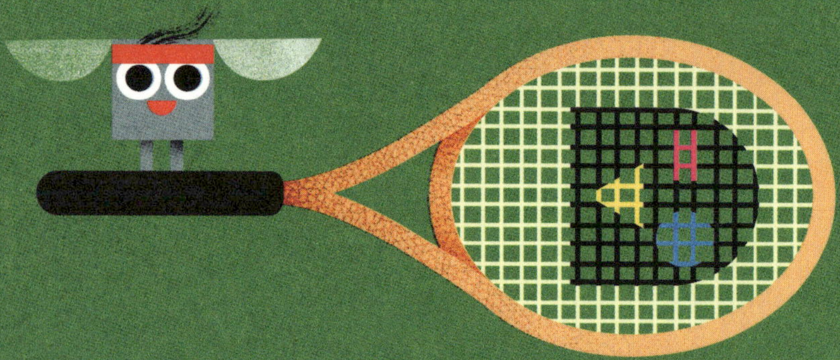

Schlägertypen aller Art

Tennis- und Squashschläger wurden früher aus dem Holz von Eschen (*Fraxinus*-Arten), Ahorn (*Acer*-Arten), Amerikanischer Platane *(Platanus occidentalis)*, Hainbuche *(Carpinus betulus)*, der Hickory-Nuss (*Carya*-Arten), Rotbuche *(Fagus sylvatica)*, bestimmten Mahagoni-Arten (*Swietenia*-Arten) oder der Malvengewächs-Art *Triplochiton scleroxylon* hergestellt. Auch Hockey-, Eishockey-, Lacrosse- und Baseballschläger waren aus diesen Hölzern. Diese Holzarten halten große Schläge und Erschütterungen aus, ohne zu reißen oder zu brechen. Deshalb sind die entsprechenden Bäume auch besonders robust gegenüber Stürmen.

Cricket

Auch Cricket ist ohne Pflanzen nicht denkbar. Die Schläger werden aus dem Holz einer Unterart der Silberweide gefertigt *(Salix alba* subsp. *caerulea)*. Im Englischen heißt diese Weide sogar »Cricketschläger-Weide«. Ihr Holz ist extrem robust. Die anderen Teile des Schlägers sind aus Rattan (*Calamus*-Arten) und Kautschuk (*Hevea*-Arten). Der Ball besteht aus Kork und Wolle, umhüllt von Leder. Die Stäbe des Wickets (des Cricket-Tors) sind aus Eschenholz *(Fraxinus excelsior)*.

Sproing!

Ballspiele könnten nicht stattfinden ohne den Milchsaft des Kautschukbaums *(Hevea brasiliensis)*, aus dem Gummi gemacht wird. Fußbälle, Basketbälle, Tennisbälle etc. sind innen mit Gummi ausgekleidet, der verhindert, dass die Luft entweicht. Das sorgt dafür, dass der Ball hüpft.

Gefährliche Spiele

Ein sehr altes Spiel ist das »Mesoamerikanische Ballspiel«, vor Jahrtausenden gespielt von den Völkern Mittelamerikas. Auf einem steinernen Platz mussten die Spieler einander einen großen Gummiball zuspielen, ohne dass er die Hände oder den Boden berührte. Ziel war es, mit dem Ball einen der Steinringe an den Wänden zu treffen. Als zusätzlicher Anreiz wurde am Schluss der Spielführer der unterlegenen Mannschaft getötet!

SELBERMACHEN: BOHNENSACK-BOULA

Lange bevor es die Olympischen Spiele gab, fochten die alten Ägypter schon Wettkämpfe im Gewichtheben aus: Sie benutzten dazu mit Getreide gefüllte Säcke. Dieser Sport hier bleibt in der »pflanzlichen« Tradition. Er ähnelt dem französischen Boule oder Pétanque. Du kannst es alleine spielen oder zu zweit.

DAS BRAUCHST DU:

- pro Person ein Paar alte Socken (ohne Löcher!)
- eine Packung trockene Bohnen oder Erbsen
- eine feste Orange
- viel Platz – am besten gehst du raus zum Spielen
- Schnur oder festen Bindfaden

ACHTUNG: Pass immer auf, wohin du wirfst, damit du niemanden triffst!

SO GEHT'S:

1. Füll die Socken mit den Bohnen oder Erbsen bis ungefähr zur Ferse (also weniger als halbvoll). Achte darauf, dass beide Socken genau gleich schwer sind, sonst ist es unfair.

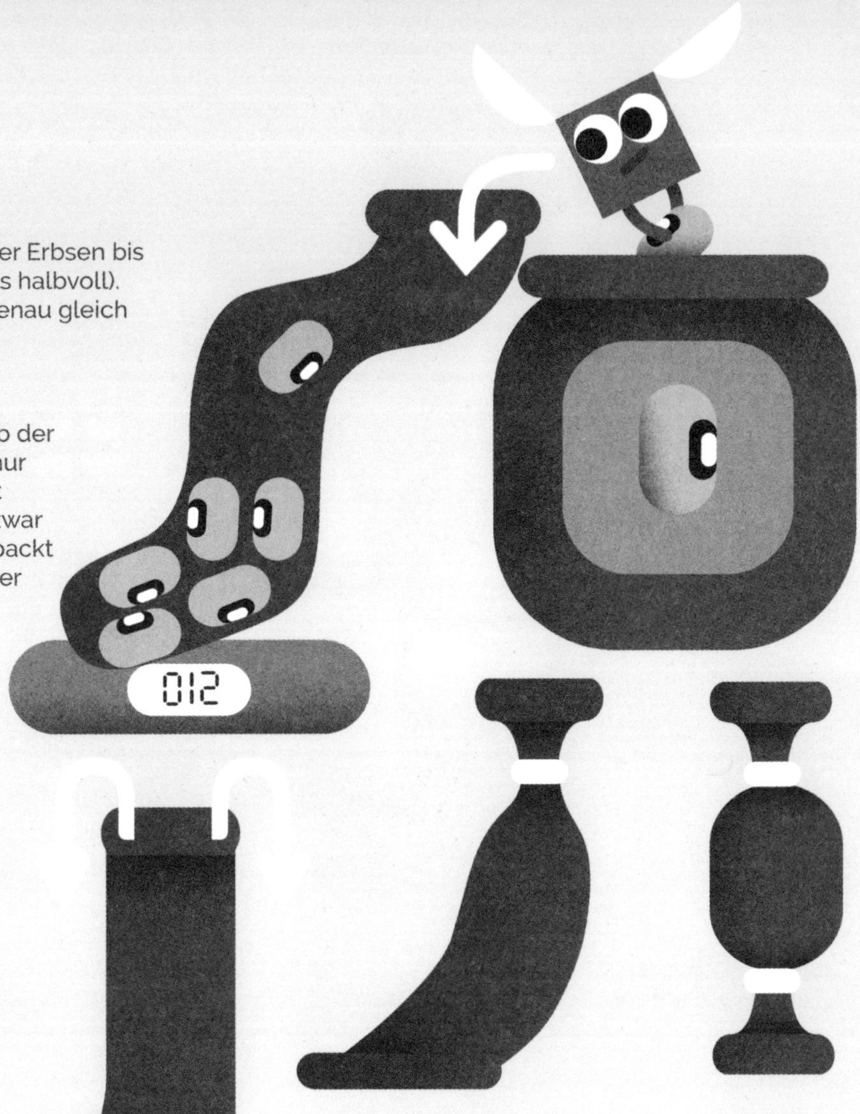

2. Verdrehe den Sockensack oberhalb der Bohnen und binde ihn mit der Schnur fest zu. Dann mach das Gleiche mit dem Zehenende der Socke – und zwar so, dass die Bohnen ganz dicht gepackt sind. Das Ganze sollte die Form einer Bohne oder Wurst haben.

3. Stülpe die überstehenden Enden der Socke über den mit Bohnen gefüllten Teil und binde alles fest zusammen. Fertig ist der Bohnensack!

4. Das Spiel geht so: Leg die Orange auf eine Wiese oder einen anderen Platz, auf dem du spielst (nicht in der Nähe einer Straße oder eines Gehwegs!). Ziel ist, deinen Bohnensack möglichst nah an die Orange zu werfen. Man kann die Orange auch weglassen und stattdessen schauen, wessen Bohnensack weiter fliegt. Wenn du keine Lust mehr auf das Spiel hast, kannst du deine Bohnen aussäen und Bohnenpflanzen ziehen!

VIERTER TEIL

Was Pflanzen können

Wir finden Pflanzen hübsch anzusehen, aber was sie für das Ökosystem leisten, ist viel mehr als das. Pflanzen sind die Grundlage dieses Planeten, ohne sie läuft nichts! Ob Geldscheine oder Medikamente – Pflanzen sind die Vorreiter vieler wichtiger Entwicklungen in Forschung und Technik. Und wir haben noch lange nicht alles entdeckt, was diese grünen Heldinnen alles können ...

Pflanzentechnologie

Wissenschaft ist die Erforschung von Welt und Natur aufgrund von Fakten, die man durch Experiment und Beobachtung herausfindet. Seit Jahrtausenden tun Menschen genau das – man sagt auch: Wir lernen durch Versuch und Irrtum. Pflanzen spielen dabei eine zentrale Rolle.

Bambus in der Birne

In den 1880er-Jahren arbeitete Lewis Howard Latimer mit dem berühmten Erfinder Thomas A. Edison an der Verbesserung der Glühbirne. Damals verwendete man Kohlefäden aus Bambus. Latimer hatte ein Verfahren entwickelt, um die Lebensdauer der Kohlefäden zu verlängern. Das war ein bedeutender Schritt bei der Entwicklung des elektrischen Lichts, auch wenn der Kohlefaden später durch einen Metallfaden (aus Wolfram) ersetzt wurde und wir heute die Glühbirnen durch LED-Lampen ersetzt haben.

Heavy-Metal-Pflanzen

Forscher haben herausgefunden, dass bestimmte Pflanzen, z. B. der Braune Senf *(Brassica juncea)*, kleinste Metallpartikel aus dem Boden in ihren Wurzeln anreichern. Bei der sogenannten Phytosanierung nutzt man dies, um Schwermetalle aus verseuchten Böden zu holen (und dann möglichst zu verwerten). Man hofft, mit dieser Methode auch Edelmetalle wie Gold oder Silber gewinnen zu können (Phytomining).

Selbst gemachte Fackel

Solltest du dich einmal in Indien, Neuseeland oder irgendwo in Südostasien in dunkler Nacht im Wald verirren, kann dir der Lichtnussbaum *(Aleurites moluccanus)* weiterhelfen! Wenn man seine ölhaltigen Samen in ein Kokosblatt wickelt und das Blatt anzündet, brennt es lang anhaltend. Die schwarze Asche, die von den verbrannten Samen zurückbleibt, wird als Farbstoff benutzt.

SELBERMACHEN: KARTOFFELBATTERIE

Kannst du dir vorstellen, dass die schlichte Kartoffel in Wahrheit das reinste Kraftwerk ist? Ihr Fleisch ist reich an Wasser und Mineralien, deshalb kann es Strom leiten. Vielleicht werden wir in Zukunft unseren Strom aus Pflanzenkraft beziehen? Wenn du dieses Experiment ausprobierst, weißt du, wie das gehen könnte.

DAS BRAUCHST DU:

- eine große Kartoffel
- eine winzige Glühbirne oder LED-Lampe (z. B. aus dem Modelleisenbahnbau)
- zwei Kupfermünzen (1-, 2- oder 5-Cent-Stücke)
- zwei verzinkte Nägel
- drei Kupferdrähte mit abisolierten Enden (oder Krokodilkabel)

ACHTUNG: Auch wenn hier nur ganz wenig Strom fließt: Bei eingeschaltetem »Kraftwerk« Vorsicht mit den Drähten!

SO GEHT'S:

1. Die Kartoffel in zwei Hälften schneiden und die Hälften für besseren Halt unten anschneiden. In jede Hälfte in die Schnittfläche einen Schlitz schneiden, in den eine Münze passt.

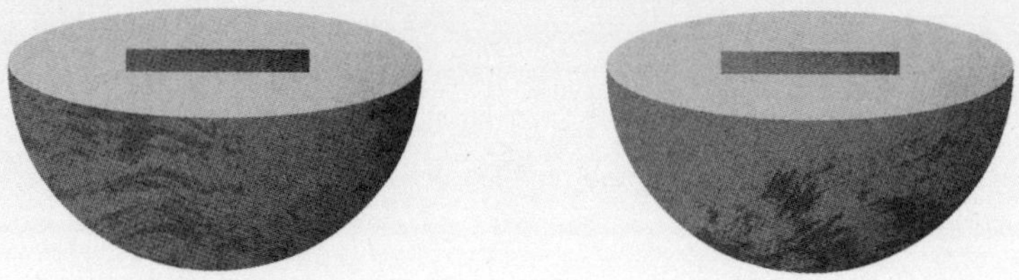

2. Jede Münze mehrmals mit einem Kupferdraht umwickeln.

3. Die Münzen in die Schlitze in den Kartoffelhälften stecken.

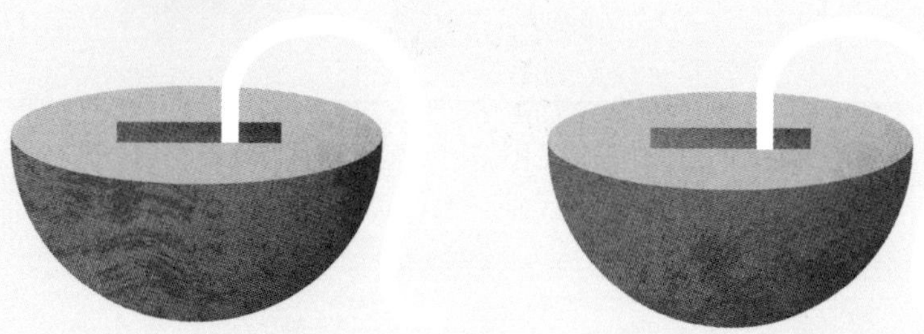

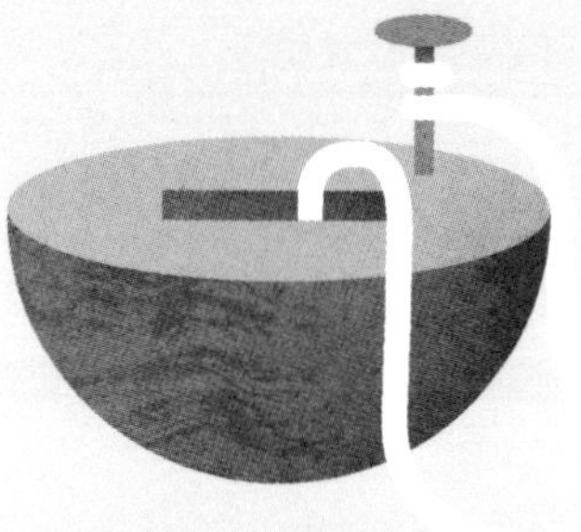

4. Den dritten Kupferdraht um einen der Nägel wickeln und diesen in eine der Kartoffelhälften stecken (nicht zu nah an der Münze).

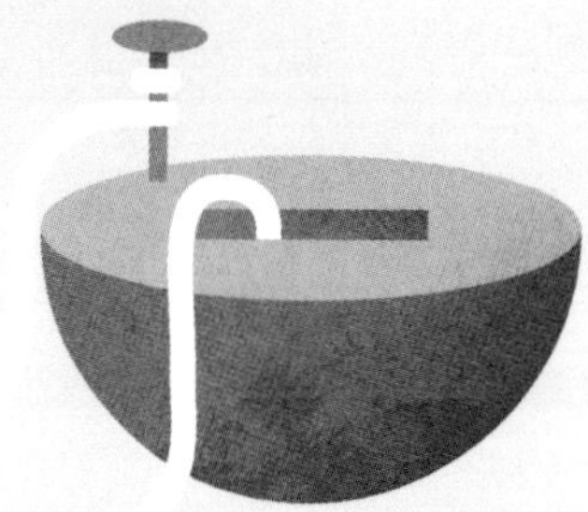

5. Das Ende des Drahts an der Münze in dieser Kartoffelhälfte um den zweiten Nagel wickeln und diesen in die andere Kartoffelhälfte stecken (nicht zu nah an der Münze).

6. Nun das freie Ende des Drahts an der Münze mit dem längeren Beinchen der LED-Lampe verbinden und das Ende des anderen Kabels mit dem kurzen Beinchen. Es werde Licht!

Jagen und kämpfen

Bis vor einigen Tausend Jahren waren die meisten Werkzeuge und Waffen unserer Vorfahren aus Holz, etwa Keulen, Speere und Bumerangs (ursprünglich eine Wurfwaffe). Jahrtausendelang kämpften Soldaten mit Pfeil und Bogen, ebenfalls aus Holz gefertigt.

Jagd zur Nahrungsbeschaffung

Ganz früher jagten die Menschen mit spitzen Holzspeeren. Ein Speer aus Eibenholz (*Taxus baccata*) wurde vor ca. 420 000 Jahren von dem Frühmenschen *Homo heidelbergensis* (lebte vor 600 000–200 000 Jahren) benutzt. Um den Speer in die dicke Haut etwa eines Wollmammuts zu stoßen, musste der Jäger sehr nah an das Tier herangehen.

Pfeil und Bogen

Zwischen dem 14. und dem 17. Jahrhundert waren in Europa robuste, biegsame Langbögen aus Eibenholz die gefährlichsten Waffen, die es gab. Man konnte die Pfeile damit bis zu 200 Meter weit schießen. Wenn ein Bogenschütze seine Waffe noch tödlicher machen wollte, dann tauchte er die Pfeilspitze vor dem Abschuss in einen Saft aus den Nadeln der hochgiftigen Eibe.

Leuchtende Pflanzen

In Neuseeland wächst der Silberfarn *Cyathea dealbata*. Die Unterseiten seiner Wedel sind mit hellen Härchen bedeckt, die in schwachem Licht gut zu sehen sind. Auf diese Weise konnten sich die Ureinwohner, die Maori, auf ihren Jagdpfaden auch orientieren, ohne mit dem Licht und dem Rauch ihrer Fackeln die Tiere zu vertreiben.

Tarnkappe

Die beste Tarnung besteht aus dem Material, das da wächst, wo man gerade ist. Wenn Soldaten sich im Freien unauffällig bewegen wollen, tarnen sie sich mit Naturmaterialien wie Zweigen, Blättern oder Erdklumpen. Auch die Uniformen werden mit braunen und grünen Mustern bedruckt, sodass der Soldat mit seiner Umgebung »verschmilzt«.

SELBERMACHEN: GEHEIMTINTE

Mit diesem Trick kannst du hochwichtige und geheime Botschaften an ganz bestimmte Personen schicken, ohne dass jemand anders sie lesen kann.

DAS BRAUCHST DU:

- eine Zitrone oder eine Zwiebel
- eine kleine Schüssel
- ein Messer
- eine Schreibfeder
- ein Blatt Papier
- eine Zitronenpresse

ACHTUNG: Lass dir von einem Erwachsenen helfen!

SO GEHT'S:

1. Die Zitrone oder Zwiebel halbieren und mit der Presse den Saft ausdrücken.

2. Mit der sauberen Schreibfeder schreibst du deine Botschaft auf ein Blatt Papier, indem du den Pflanzensaft als Tinte benutzt.

3. Trocknen lassen. Die Schrift verschwindet dabei!

4. Der Empfänger muss das Blatt dicht vor eine Lampe halten oder auf einen Heizkörper legen. Die Wärme macht die Schrift wieder sichtbar.

Pflanzenheilkunde

Um gesund zu bleiben, müssen wir uns genügend bewegen und gesunde Dinge essen. Das nennt sich Gesundheitsvorsorge oder Prävention. Viele Kräuter und Gewürze, mit denen wir den Geschmack unserer Speisen verbessern, enthalten wertvolle Nährstoffe, die heilsame Wirkung haben können. Der Vater der modernen Medizin, der Grieche Hippokrates (460–377 v. Chr.), soll gesagt haben: »Lass deine Nahrung deine Medizin sein.«

Bewährte Heilpflanze

Der Einjährige Beifuß *(Artemisia annua)* gehört zur Familie der Korbblütler. Schon vor mehr als 2000 Jahren wurde in der Traditionellen Chinesischen Medizin daraus ein Heilmittel gegen Fieber, Entzündungen und Malaria hergestellt. Die moderne Forschung hat nachgewiesen, dass der Inhaltsstoff Artemisinin tatsächlich gegen Malaria wirkt.

Der Pflanzendoktor

Die Borke der Hänge- oder Sandbirke *(Betula alba)* enthält Betulin und Betulinsäure. Derzeit wird daran geforscht, ob diese Stoffe gegen Krebserkrankungen eingesetzt werden können. Aus kletternden Arten der Calamuspalme (*Calamus*-Arten) werden Möbel hergestellt (Rattanmöbel) – aber es wird auch daran geforscht, Rattanholz als Knochenersatz zu verwenden, weil es wie unsere Knochen stabil und biegsam zugleich ist.

Schlafmittel

Die Mandragora oder Alraune (*Mandragora*-Arten) bildet Wurzeln, die oft wie eine kleine menschliche Figur aussehen. Im Mittelalter entdeckte man, dass Alraunen einen Stoff namens Hyoscin mit heftiger Wirkung enthalten: Er versetzt den Menschen in einen tiefen Schlaf und macht ihn schmerzfrei. Das erste Betäubungsmittel war gefunden!

SCHON GEWUSST?

Zubereitungen aus dem Schlafmohn *(Papaver somniferum)* werden schon seit über 3000 Jahren als Schmerzmittel benutzt.

Wundheilung

Torfmoos (*Sphagnum*-Arten) wurde jahrhundertelang als Wundauflage benutzt, um Blutungen zu stoppen. Das Moos saugt Feuchtigkeit auf und wirkt gegen krank machende Bakterien. Heutzutage werden Extrakte aus bestimmten Algen verwendet, um nach einer Hauttransplantation (= Verpflanzung von gesunder Haut auf zerstörte Hautstellen, z. B. nach Verbrennungen) die Heilung zu beschleunigen.

Sag's mit Pflanzen

Auch in der Sprache haben Pflanzen seit frühester Zeit ihre Spuren hinterlassen. Ein Grund dafür mag sein, dass sie oft das Bild einer Landschaft prägen, wie etwa ein markanter einzelner Baum oder ein Wald mit einem blühenden Hasenglöckchen-Teppich. Noch heute prägen Pflanzen unsere Sprache, ob in Farbnamen wie Orange oder Lila (vom französischen Wort für Flieder) oder in Ortsnamen wie »Hollywood« (»Stechpalmenwald«), Eichstätt oder Heidelberg (von »Heide«).

Durch die Blume

In England wurde im 19. Jahrhundert eine Blumensprache erfunden. Damit konnte man jemandem mit einem Blumenstrauß eine Botschaft senden.

Pflanzen in Nationalflaggen

In Nationalflaggen findet man oft Pflanzen mit einer symbolischen Bedeutung wie Frieden (Palmzweig) oder Stärke (Eiche). Manchmal werden auch wichtige Nahrungsmittel des entsprechenden Landes abgebildet.

Kanada: Ahornblatt

Eritrea: Olivenbaumzweig

Libanon: Libanonzeder

Grenada: Muskatnuss

Peru: Chinarindenbaum

Mexiko: Kaktus

Nationalstolz

Viele Länder haben eine Pflanze als offizielles Symbol, sozusagen eine »Nationalpflanze«. Indonesien konnte sich wohl nicht entscheiden, denn es hat gleich drei!

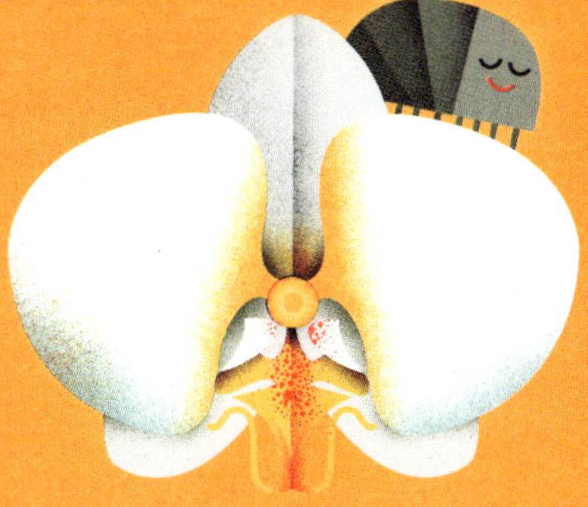

Orchidee
(hier die Art Phalaenopsis amabilis)

Riesenrafflesie
(Rafflesia arnoldii)

Arabischer Jasmin
(Jasminum sambac)

Unterwegs

Egal, wie du unterwegs bist: Pflanzen spielen dabei fast immer eine Rolle. Früher standen den Menschen nur Materialien aus der Natur zur Verfügung – Räder oder sogar Flugzeug-Tragflächen waren aus Holz. Noch heute bestehen Autoreifen teilweise aus Kautschuk – und auch der stammt von einem Baum (kann aber auch künstlich hergestellt sein).

Schwimmende Borke

Kork wird aus der Borke der Korkeiche *(Quercus suber)* gewonnen. Er ist leicht, wasserundurchlässig und sehr dauerhaft. Im echten Leben schützt er die Bäume vor Feuer. Du kennst Kork wahrscheinlich als Verschluss von Weinflaschen, aber er wird auch für Rettungswesten verwendet, im Hausbau, für Schuhe, Taschen und Gürtel. Sogar in die Hitzeschilde von Raketen wird Kork eingebaut!

Schwimmende Dörfer

Reetdächer aus Schilfrohr kennst du schon. Aber wusstest du, dass man aus Gräsern auch Fahrzeuge bauen kann? Das Volk der Uru (oder Uro), das am Titicacasee in Peru lebt, baut Boote aus dem dort wachsenden Totora-Schilf, einer Binsenart *(Schoenoplectus californicus* subsp. *tatora)*, und auch ihre schwimmenden Siedlungen sind daraus hergestellt.

SCHON GEWUSST?

Für die *Mary Rose*, das berühmte Kriegsschiff König Heinrichs XIII. von England, wurden rund 600 große Eichenstämme aus Südengland verbaut. Die *Mary Rose* sank bei einer Seeschlacht im Jahr 1545.

Gib Gummi!

Gummi ist als Material häufig in Autos zu finden, z. B. in den Reifen oder Fußmatten. In Mittelamerika wurde er schon früh von den Olmeken, Maya und Azteken genutzt. Sie machten mit Latex, gewonnen aus dem Milchsaft des Kautschukbaums *(Hevea brasiliensis)*, ihre Kleidung wasserdicht. Auch die ersten Gummistiefel gab es bei ihnen schon: Sie gossen sich den Milchsaft auf die Füße! Unsere Schuhe haben heute noch oft Latexsohlen.

Fossile Treibstoffe

Treibstoff nennt man eine Substanz, die viel Energie enthält und daher durch Verbrennen zum Antrieb z. B. von Fahrzeugen dienen kann. Bisher werden unsere Treibstoffe vor allem aus Erdöl hergestellt: Es entstand aus abgestorbenen Pflanzen (und Tieren) unter bestimmten Bedingungen vor vielen Millionen Jahren und lagert in Schichten unter der Erde. Treibstoffe aus Erdöl und Erdgas nennen wir fossil.

Pflanzliche Treibstoffe

Den Tank von Autos kann man auch mit einem Treibstoff aus dem Öl von Palmen, Soja oder Algen füllen. Der deutsche Ingenieur Rudolf Diesel erfand 1892 den Dieselmotor, der auch mit Erdnussöl betrieben wurde. Heute wird gewöhnliches Dieselöl auch mit pflanzlichen Treibstoffen vermischt, das nennt man Biodiesel (ist aber nicht unbedingt ökologisch besser). Im Grunde kann man aber fast jedes Auto so umrüsten, dass es mit Pflanzenöl fährt. Mit verrottendem Pflanzenmaterial können wir in Biogasanlagen Strom gewinnen.

Umweltverschmutzung

Wenn Gifte oder Schadstoffe in die Umwelt gelangen, werden sie von Pflanzen aufgenommen. Dann frisst ein Tier die Pflanze – und schon landet der Stoff im Nahrungsnetz. Das gilt auch für Pestizide, also die Substanzen, die in der Landwirtschaft auf die Pflanzen gespritzt werden, um sie vor Insektenfraß oder Pflanzenkrankheiten zu schützen. Die meisten davon sind auch für Menschen, andere Tiere und die Bodenorganismen giftig. So kann ein Rotkehlchen sterben, wenn es elf große Regenwürmer frisst, die mit Pestiziden vergiftet sind (und das schafft es in zehn Minuten).

Biologischer Landbau

Alle schädlichen Stoffe, die in der Luft, im Wasser oder im Boden landen, nennt man Umweltgifte. Die Benutzung von Pestiziden ist heute in vielen Ländern gesetzlich geregelt. Immer mehr Bauern aber wollen ihre Feldpflanzen ganz ohne Gift anbauen. Das nennt sich biologischer Landbau.

Rachel Carson

Die Erste, die ausgiebig über umweltschädliche Chemikalien forschte, war die amerikanische Biologin Rachel Carson. In ihrem Buch *»Der stumme Frühling«* (erschienen 1962) beschreibt sie genau, wie Pestizide gegen Insekten (= Insektizide) in die Nahrungskette gelangen und Tiere und Menschen krank machen. Sie wies auch nach, dass beispielsweise das Insektizid DDT nicht nur monatelang wirkt, sondern in der Umwelt für lange Zeit stabil bleibt und so Schaden anrichtet. Die Hersteller von Agrarchemikalien waren natürlich nicht begeistert von ihrem Buch. Doch es hatte großen Einfluss auf die damals noch junge Umweltbewegung.

Unverzichtbare Helfer und Beschützer

Ein Leben ohne Bäume und andere Pflanzen wäre nicht nur öde, sondern gar nicht möglich. Sie geben uns den Sauerstoff, den wir zum Atmen brauchen, machen Wohnungen ebenso schöner wie Städte, und sie können sogar helfen, die Luftverschmutzung zu reduzieren.

Vergebliche Hoffnung

Es gibt Pflanzen, die Schad- und Giftstoffe und sogar radioaktive Stoffe aus der Luft filtern. Nach der Atomkatastrophe von Fukushima (Japan) im Jahr 2011 versuchte man, das radioaktive Caesium aus der Erde zu bekommen, allerdings mit nur geringem Erfolg. Außerdem sind dann die Pflanzen radioaktiv und müssen in ein Endlager, denn die Radioaktivität verschwindet nicht.

Küstenschutz

Mangroven sind Bäume mit kräftigen Luftwurzeln, die an Meeresküsten und Flussmündungen wachsen. Mit ihrem dichten Wurzelgeflecht schützen sie die Ufer vor der Erosion (= Abtragung) durch das Wasser und durch die Gezeiten – und somit auch die Bewohner der Küstenregionen und Inseln. Dort, wo keine Mangroven wachsen, haben Menschen schon versucht, zum Küstenschutz künstliche mangrovenartige Konstruktionen zu bauen.

Können Blätter Wetter machen?

Über Regenwäldern bilden sich ständig Wolken aus dem Wasser, das die vielen Bäume »ausatmen«. Das nennt man Transpiration. Dann regnen die Wolken wieder ab, und die Bäume saugen das Wasser auf, um es erneut an die Luft abzugeben. So entsteht ein Wasserkreislauf. Wenn Regenwald gerodet wird, ist der Wasserkreislauf unterbrochen. Das Regenwasser fällt auf den ungeschützten Erdboden, wäscht ihn aus und mit ihm alle Nährstoffe, die normalerweise von den Bäumen aufgenommen würden. Wenn wir Menschen nicht aufhören, Regenwälder abzuholzen, bricht eines Tages der Wasserkreislauf auf der Erde zusammen und unser Planet wird heiß und trocken wie die Wüste.

SELBERMACHEN: LEBENDE WEGWEISER

Mit diesem Spiel lernst du die Pflanzen in der Umgebung deines Wohnorts über die Jahreszeiten hinweg gut kennen! Außerdem lernst du, dich an Landmarken zu orientieren.

DAS BRAUCHST DU:

- eine Landkarte deiner Heimatregion
- Notizbuch und Stift
- gute Wanderschuhe
- eine Kamera
- einen Erwachsenen, der dich begleitet

SO GEHT'S:

1. Drucke eine Karte deiner Umgebung aus und steck sie in ein Notizbuch. Achte darauf, dass der Ausschnitt ausreichend vergrößert ist, sodass Platz für deine Notizen und Markierungen bleibt.

2. Ein Erwachsener aus deiner Familie soll dich begleiten. Der Weg dauert ungefähr eine Stunde.

3. Such dir eine Wegstrecke von etwa einem Kilometer aus und geh los. Dafür brauchst du ungefähr 15 Minuten – reine Gehzeit.

4. Notiere in deiner Karte die Standorte von interessanten und auffälligen Bäumen oder anderen Pflanzen, die du an der Straße, in Parks oder Gärten siehst. Wenn du die Art nicht kennst, mach ein Foto (in Gärten die Privatsphäre beachten!) oder zeichne die Blätter oder Blüten in dein Notizbuch.

5. An den Pflanzen und um sie herum wirst du auch Tiere sehen, z. B. Bienen, Fliegen, Schmetterlinge oder Vögel. Notiere dir auch sie.

6. Halte auch Ausschau nach ganz kleinen Pflanzen, nicht nur nach großen Bäumen.

7. Wenn du wieder zu Hause bist, bestimme mithilfe von Bestimmungsbüchern die Pflanzen und Tiere, die du fotografiert oder gezeichnet hast.

8. Geh denselben Weg mindestens einmal in jeder Jahreszeit ab. Beobachte dabei genau, wie die Pflanzen ihr Aussehen über das Jahr hinweg verändern. So bekommst du ein Gespür für ihre Vegetationszyklen.

Was die Zukunft bringt

Seit Jahrtausenden versuchen wir Menschen, Pflanzen als Heilmittel, zum Essen, für Treibstoffe, Textilien und Genussmittel zu verwenden. Wahrscheinlich werden wir das auch weiterhin tun, in der Hoffnung, dass Pflanzen auch unsere Probleme lösen können. Was wir sicher sagen können: Auch das Leben unserer Nachfahren wird immer von Pflanzen abhängig sein.

Kleinbäuerliche Landwirtschaft

In den letzten Jahrzehnten sind Bauernhöfe immer größer und technisierter geworden. Doch immer mehr Menschen erkennen, dass es besser ist, wenn wir unsere Nahrungspflanzen in kleinerem Maßstab anbauen. Reis, Weizen und Mais decken weltweit fast 60 % unseres Kalorienbedarfs. Dabei gibt es Tausende weitere Pflanzen, aus denen wir wählen können. Viele davon sind nicht nur nahrhafter, sondern auch weniger anfällig für Krankheiten und Klimaveränderungen, wie z. B. Algen. Wenn wir uns weitgehend selbst versorgen, können wir selbst entscheiden, was wir anbauen und essen.

Bauernhöfe der Zukunft?

Wildpflanzen wird es immer geben, aber beim Anbau unserer Nutzpflanzen wenden wir immer raffiniertere Methoden an. Es gibt Zuchtanlagen, in denen die Pflanzen mit Kunstlicht statt von der Sonne beleuchtet werden und die Dünger und Wasser computergesteuert von Robotern bekommen. Da wir heute wissen, welche Probleme Plastik verursacht, könnten wir uns vielleicht rückbesinnen auf biologisch abbaubare Materialien und ebensolche Technologien.

Bewahren

Derzeit sind rund 20 Prozent der Pflanzenarten auf der Welt vom Aussterben bedroht. Höchste Zeit, sie zu schützen und nachhaltig mit der Natur umzugehen! So wurden z. B. auf Borneo große Flächen Regenwald abgeholzt, um Platz für Palmölplantagen zu schaffen. Das hat den Orang-Utans ihren Lebensraum genommen, die nun kurz vor dem Aussterben stehen. In Südamerika müssen die Regenwälder Viehweiden oder riesigen Sojaplantagen weichen – für Fleisch und Viehfutter. Zugleich werden Mais und andere Pflanzen heute nicht mehr nur als Nahrung angebaut, sondern auch, um daraus Treibstoffe und Kunststoffe herzustellen. Ursprünglich dachte man, diese nachwachsenden Rohstoffe könnten das CO_2-Problem lösen, doch inzwischen weiß man, dass es durch diese riesigen Plantagen eher verschlimmert wird.

Nicht vergessen

Stell dir vor, wir Menschen würden auf einen Schlag von der Erde verschwinden. Dann würden die Pflanzen überleben (denn sie brauchen uns Menschen nicht) und hätten es wahrscheinlich sogar besser, weil sie ungehindert wachsen könnten. Wenn aber umgekehrt plötzlich alle Pflanzen weg wären, wäre es das Todesurteil für uns Menschen. Höchste Zeit also, der Natur und den Pflanzen mehr Achtung entgegenzubringen – und sie wieder mehr zu hegen und zu pflegen.

Pflanzenrekorde

Die älteste Pflanze

Die Langlebige Kiefer *(Pinus longaeva)* scheint von allen Pflanzen am ältesten zu werden. Das älteste Exemplar wurde in den White Mountains in Kalifornien gefunden: Der Baum ist schätzungsweise über 5000 Jahre alt!

Am langsamsten wachsen …

… Flechten. Diese Lebewesen sind etwas sehr Spezielles: eine Symbiose (= enge Lebensgemeinschaft) aus Pflanzen und Pilzen. Die meisten Arten wachsen in zehn Jahren nur um 1–2 Zentimeter.

Der ausladendste Baum

Ein Exemplar der Banyan-Feige *(Ficus benghalensis)* im Botanischen Garten in Kalkutta (Indien), das vor dem Jahr 1787 gepflanzt wurde, hat heute 1775 Stützwurzeln und einen Durchmesser von 410 Metern!

Der reisefreudigste Samen

Das Afrikanische Traumkraut (*Entada rheedii*) hat nicht nur die größten Samenhüllen mit bis zu 2 m Länge, sondern seine glänzenden Bohnen treten auch die längste Reise aller Pflanzen übers Meer an. Nach einigen Wochen im Salzwasser zerfällt die Samenhülle, und das Samenkorn treibt noch rund ein Jahr im Meer herum, bis es an einem Strand angespült wird – meist Tausende von Kilometern von seiner Mutterpflanze entfernt. Wenn es dort genauso warm und tropisch ist, treibt der Samen hier aus – ja, das kann er dann noch!

Am schnellsten wächst …

… der Riesenbambus *(Dendrocalamus giganteus)*. Unter guten Bedingungen macht er einen Meter pro Tag! Die Pflanze kann bis zu 30 Meter hoch werden, und ein einzelner Halm erreicht einen Durchmesser von bis zu 20 Zentimeter – schon fast wie ein Baumstamm und nicht wie ein Grashalm.

Die höchsten Bäume

Die Küstenmammutbäume *(Sequoia sempervirens)* in Kalifornien (USA) sind die höchsten Bäume der Welt. Das höchste bekannte Exemplar ist derzeit 116 Meter hoch und 600 bis 800 Jahre alt.

Glossar

absorbieren: Aufnehmen. Beispiel: Wasser absorbiert Licht, deshalb ist es im tieferen Wasser dunkel.

Anpassung: Die Veränderung der Eigenschaften eines Lebewesens, um mit seiner Umwelt zurechtzukommen und zu überleben. Lebewesen können sich als Individuen anpassen, aber Anpassung findet auch langsam, über viele Generationen hinweg statt in Form der > Evolution.

Antioxidantien: Chemische Stoffe, die verhindern, dass im Körper zu viele Stoffe einer bestimmten chemischen Gruppe entstehen, die gesundheitsschädlich sein können.

Art: Die unterste, letzte Ebene der Einteilung bei Lebewesen. Ist immer der zweite Teil der zweiteiligen Namen. Tiere bzw. Pflanzen einer Art können sich miteinander fortpflanzen, auf der nächsthöheren Stufe, der > Gattung, geht das nicht mehr. Siehe auch > Systematik und > Familie.

ätherische Öle: Bestimmte Inhaltsstoffe von Pflanzen, die z. B. der Abwehr von Fressfeinden dienen. Wir Menschen können ätherische Öle aus Pflanzen gewinnen (siehe > Extrakt) und sie für Heilzwecke, Kosmetik oder als Duftstoff verwenden.

Auslese: (auch Selektion) Natürlicher Prozess, bei dem Lebewesen, die zu schlecht an ihre Umwelt angepasst sind, aussterben und die besser angepassten überleben. Bei der > Züchtung führt der Mensch die Auslese absichtlich und gezielt herbei.

Aussterben: Wenn alle Individuen einer Art gestorben sind und somit die Art von der Erde verschwunden ist.

Bestäuber: Tier, das die Blüte einer Pflanze > bestäubt (vermutlich, ohne es zu wissen).

Bestäubung: Platzieren von Blütenstaub (> Pollen) von den Staubblättern einer Blüte zur Narbe einer anderen Blüte. Führt zur Samenbildung. **Selbstbestäubung** findet innerhalb ein und derselben Blüte statt.

bestimmen: Eine Pflanze, ein Tier oder ein anderes Lebewesen richtig erkennen, also feststellen, welche Art es ist. Siehe auch > Systematik.

Beutegreifer: Tier, das andere Tiere jagt und fängt, um sie zu fressen.

biologisch/ökologisch: Anbaumethode, bei der auf Chemikalien verzichtet wird bzw. nur natürliche Dünger und Pflanzenschutzmittel verwendet werden. Auch andere Methoden, wie z. B. die Art der Bodenbearbeitung, sind im Biolandbau anders als im > konventionellen.

Bionik: Forschungsrichtung, die sich damit beschäftigt, Eigenschaften aus der Natur nachzuahmen und für technische Erfindungen zu nutzen (Beispiel: Klettverschluss).

Carnivoren: (Einzahl: der Carnivore) Lebewesen, die Fleisch fressen. Das können auch insektenfressende Pflanzen sein, wie in diesem Buch beschrieben.

Chlorophyll: Grüne Substanz in der Pflanzenzelle, mit deren Hilfe sie aus der Energie des Sonnenlichts Nährstoffe aufbauen kann. Siehe auch > Fotosynthese.

Chloroplast: Der Ort in der Zelle, der das > Chlorophyll enthält. Unter dem Mikroskop als kleine grüne »Körnchen« sichtbar.

Dünger: Nährstoffe für Pflanzen. Kann natürlich, > konventionell oder > biologisch sein.

Einzeller: Lebewesen, das nur aus einer einzigen Zelle besteht. Siehe auch > Mikroorganismen.

Epiphyt: (auch: Aufsitzerpflanze) Pflanze, die auf einer anderen Pflanze (meist einem Baum) aufsitzt, z. B. um mehr Licht zu bekommen. Epiphyten sind normalerweise keine > Schmarotzer.

Erosion: Die Abtragung von Erde, Boden, Stein etc. durch Wind, Wetter, Wasser und andere Umwelteinwirkungen. Kann sehr, sehr lange dauern.

Ethnobotanik: Forschungsrichtung, die sich damit beschäftigt, auf welche Weise verschiedene Völker sich Pflanzen zunutze mach(t)en.

Evolution: Schrittweise Entwicklung, Veränderung und Vererbung der Eigenschaften von Lebewesen über viele Generationen und Jahrmillionen (bzw. Jahrmilliarden) hinweg, wobei auch ständig neue Arten entstehen.

Extrakt: Substanz, die man aus Pflanzen gewinnt (z. B. > ätherische Öle).

Familie: Drittunterste Ebene in der > Systematik der Lebewesen, die nah verwandte > Gattungen zusammenfasst. Pflanzen oder Tiere, die zu einer Familie gehören, können bereits sehr verschieden aussehen, haben aber trotzdem bestimmte gemeinsame Merkmale.

Flechten: Lebewesen, das eine > Symbiose aus einer Alge und einem Pilz ist. Diese beiden sind so eng miteinander verbunden und verwachsen, das ein neues Lebewesen entstanden ist.

Fossilien: Versteinerte Überreste (oder Abdrücke) von Lebewesen oder Teilen von ihnen, die vor langer Zeit (genauer: vor mehr als 10 000 Jahren) gelebt haben.

Fotosynthese: Fähigkeit von Pflanzen, aus Sonnenlicht, > Kohlendioxid und Wasser Nährstoffe (> Kohlenhydrate) aufzubauen.

Gattung: Zweitunterste Ebene in der > Systematik der Pflanzen, in der nah verwandte Arten zusammengefasst werden. Ist immer der erste Teil der zweiteiligen biologischen Namen. Siehe auch > Art und > Familie.

gemäßigte Zonen: Bereiche auf der Erde zwischen dem Äquator und den Polen. Es gibt dort Jahreszeiten und normalerweise keine extremen Temperaturen. Siehe auch > tropische Breiten.

Harz: Klebrige, > viskose Flüssigkeit im Inneren bestimmter Pflanzen, meist Bäume.

immergrün: Bezeichnet Pflanzen, die ihre Blätter das ganze Jahr behalten und nicht über den Winter abwerfen. Gegenteil: > sommergrün.

Knolle: Unterirdisches, verdicktes Organ einer Pflanze, das Nährstoffe speichert. Siehe auch > Rhizom.

Kohlendioxid: (auch CO_2) Natürliches Gas in der Erdatmosphäre. Wird von Tieren und Menschen aus- und von Pflanzen eingeatmet (> Fotosynthese). Außerdem entsteht es bei der Verbrennung von Erdöl, Kohle und Gas und trägt zum Klimawandel bei, weil seine Menge in der Atmosphäre zu hoch geworden ist.

Kohlenhydrate: Bestimmte Nahrungsmittelgruppe, zu der unter anderem Zucker gehört. Pflanzen können Kohlenhydrate durch > Fotosynthese selbst herstellen.

konventionell: Gegenteilige Anbaumethode zu > biologisch. Dabei werden > Pestizide verwendet sowie > Dünger, die nicht immer natürlich sind, sondern künstlich hergestellt. Auch die angewendeten Methoden sind anders als beim > biologischen Anbau.

Landmarken: Auffällige und weithin sichtbare Gegenstände (z. B. Kirchtürme) oder Pflanzen (z. B. Bäume), die uns bei der Orientierung helfen.

Mikroorganismen: Winzig kleine Lebewesen, die mit bloßem Auge für uns nicht sichtbar sind. Bestehen aus wenigen Zellen oder sogar nur aus einer einzigen Zelle (> Einzeller).

Milchsaft: Wie Milch aussehende Flüssigkeit im Inneren bestimmter Pflanzen. Der Milchsaft bestimmter Baumarten wird zur Herstellung eines gummiartigen Stoffs gewonnen und heißt dann Kautschuk oder Latex.

Moosfarn: Pflanzengruppe, die weder zu den Moosen noch zu den Farnen gehört, sondern zu einer eigenen Gruppe einfach gebauter Pflanzen, den Bärlappgewächsen.

nachhaltig: Nachhaltig sind Anbaumethoden sowie Lebens- und Verhaltensweisen, die keinen Schaden anrichten und von den Ressourcen (z. B. Wasser, Wälder, Rohstoffe) immer nur so viel nehmen, dass genügend übrig bleibt bzw. wieder nachwächst.

Nahrungskette: Geradlinige Abfolge von Lebewesen, von denen jeweils eine Art sich von einer anderen ernährt und selbst wiederum von einer anderen Art gefressen wird. Siehe auch > Nahrungsnetz.

Nahrungsnetz: Vernetzte, komplex miteinander verbundene > Nahrungsketten.

Nektar: Süß schmeckende, nahrhafte Flüssigkeit, die im Inneren von Blüten austritt, um > Bestäuber anzulocken. Für diese ist Nektar eine wichtige Nahrungsquelle.

Ökosystem: Gesamtheit aller Lebewesen sowie aller nichtlebenden Dinge (wie Gestein, Wasser u. a.) in einem bestimmten Zusammenhang. Beispiele: ein Wald, ein Teich, eine Wiese, ein Gebirge. Oder auch ein Garten. Ökosysteme haben nicht immer scharfe Grenzen, sondern stehen meist mit anderen Ökosystemen in Verbindung. Der Planet Erde ist ebenfalls ein riesengroßes Gesamtökosystem.

Pestizid: In der Regel künstlich hergestellter Stoff, mit dem Pflanzen, Tiere, Pilze oder Mikroorganismen getötet werden, die sonst unsere Ackerpflanzen fressen oder sie krank oder unbrauchbar machen könnten. Die meisten Pestizide sind auch für uns Menschen giftig und belasten den Boden, die Luft und das Wasser. Siehe auch > Umweltverschmutzung.

Phototropismus: Eigenschaft von Pflanzen, immer in Richtung Licht zu wachsen.

Pollen: Anderes Wort für Blütenstaub. Feiner Staub, der die männlichen Fortpflanzungszellen der Pflanzen (= die Pollenkörner) enthält.

reflektieren: Strahlen oder Wellen zurückwerfen (z. B. Licht).

Rhizom: Wurzelartiges Organ einer Pflanze, das aber in Wirklichkeit eine Sprossache (= Stängel) ist. Wächst unterirdisch oder direkt auf der Erde und nicht in die Tiefe, sondern breitet sich waagerecht aus. Dient sowohl als Nährstoffspeicher als auch zur Verbreitung der Pflanze.

Schmarotzer: Lebewesen, das auf oder in einem anderen Lebewesen (= Wirt) lebt und ihm Nahrungsstoffe oder Wasser entzieht. Manche Schmarotzer schwächen ihren Wirt oder machen ihn krank oder töten ihn sogar.

Sekret: Flüssige Substanz, die ein Lebewesen absondert (z. B. Eiter oder ein Pflanzenlockstoff).

sommergrün: Bezeichnet Pflanzen, die nur im Sommer Blätter tragen und sie im Winter abwerfen, weil sie den Frost nicht überstehen würden. Gegenteil: > immergrün.

Spaltöffnungen: (auch Stomata) Winzige Poren (Löcher) auf der Unterseite der Blätter, über die Gase abgegeben (z. B. Sauerstoff, Wasserdampf) oder aufgenommen (z. B. > Kohlendioxid) werden. Pflanzen können ihre Stomata je nach Bedarf öffnen oder schließen.

Stoffwechsel: Die Gesamtheit aller chemischen Vorgänge im Körper eines Lebewesens, wie Nahrungsverwertung, Ausscheidung von Abfallstoffen und vieles andere.

Sukkulenten: Pflanzen mit dicken, fleischigen Organen, in denen sie Wasser speichern, z. B. Kakteen.

Symbiose: Enges Zusammenleben zweier Lebewesen zum gegenseitigen Nutzen (anders als bei > Schmarotzern). Eine besondere Form von Symbiose sind > Flechten.

Systematik: Einteilung und Sortierung aller Lebewesen. Siehe auch > Systematiker.

Systematiker: (auch: Taxonom) Biologe, der sich mit der Sortierung und Einordnung von Pflanzen, Tieren und all den anderen Lebewesen beschäftigt, also auch mit ihrer Verwandtschaft.

Transpiration: Abgabe von Wasser in Form von Wasserdampf aus den Blättern der Pflanzen an die Luft. Ist wichtig für die Luftfeuchtigkeit und das Klima auf der Erde.

tropische Breiten: Die Zonen auf der Erde rund um den Äquator. Dort ist es warm, es hat nie Frost und es regnet viel. Es gibt keine Jahreszeiten, lediglich Regen- und Trockenzeiten. Siehe auch > gemäßigte Zonen.

Umweltverschmutzung: Jede Art von festem Stoff (Abfall, Müll), Gasen oder Chemikalien (auch: Umweltgifte), die nicht in die Natur gehören und den Lebewesen und > Ökosystemen schaden oder sie zerstören.

Unkraut: Pflanzen, die von uns nicht erwünscht sind, z. B. auf dem Acker oder im Gemüsebeet. Die Natur kennt jedoch kein Unkraut, hier hat jede Pflanze ihren Platz und ihren Wert.

Viskosität: Grad der Dickflüssigkeit einer Substanz. Wasser ist sehr wenig viskos, Honig oder > Harz sind sehr viskos.

Wachsschicht: (auch: Cuticula) Hauchdünne Schutzschicht auf den Blättern und grünen Stängeln von Pflanzen. Bei tropischen Pflanzen und bei Pflanzen in heißen Regionen (> Sukkulenten) ist die Cuticula dicker.

Züchtung: Gezieltes Herbeiführen von bestimmten Merkmalen durch > Auslese bei Pflanzen oder Tieren durch den Menschen.